게임 시나리오
기획자의
생각법

일러두기

- 본 책은 '게임 시나리오 작가'보다 '게임 시나리오 기획자'를 더 정확한 용어로 본다. 하지만 여전히 '게임 시나리오 작가'라는 용어가 일반적으로 사용되고 있어, 본문에서는 독자들에게 혼란을 주지 않도록 '게임 시나리오 작가'로 용어를 통일하였다.
- 단행본은 겹낫표(『』)로, 게임·영화·텔레비전 시리즈·만화·노래는 홑꺾쇠(〈〉)로 표시했다.

게임 시나리오 기획자의 생각법

ⓒ 이진희 2021

초판 1쇄	2021년 6월 21일
초판 4쇄	2024년 3월 28일

지은이	이진희

출판책임	박성규	펴낸이	이정원
편집주간	선우미정	펴낸곳	도서출판 들녘
기획이사	이지윤	등록일자	1987년 12월 12일
편집진행	이수연	등록번호	10-156
편집	이동하·김혜민	주소	경기도 파주시 회동길 198
디자인	하민우·고유단	전화	031-955-7374 (대표)
마케팅	전병우		031-955-7381 (편집)
경영지원	김은주·나수정	팩스	031-955-7393
제작관리	구법모	이메일	dulnyouk@dulnyouk.co.kr
물류관리	엄철용	홈페이지	www.dulnyouk.co.kr

ISBN 979-11-5925-652-3 (03370)

14년차 기획자가 제시하는 직업 실전과 창작에 관한 조언

이진희 지음

게임
시나리오
기획자의
생각법

들녘

누군가 나에게 직업이 뭐냐고 물으면 '게임 시나리오 작가'라고 말한다. 그러면 그 사람은 나를 '게임의 스토리를 만드는 사람' 정도로 생각한다. 하지만 조금 더 깊은 이야기를 나눌 기회가 있다면 나는 스스로를 '게임 시나리오 기획자'라고 소개한다. 게임 시나리오 작가라면 게임의 스토리만 만들어도 충분하다. 그러나 게임 시나리오 기획자라면 얘기가 달라진다. 게임 맞춤형 스토리를 만들어야 할 뿐만 아니라, 스토리를 게임에서 어떻게 구현할지까지도 고려해야 한다. 회사에 따라서 툴이나 스크립트 작업까지 요구하는 경우도 있다. 일반적으로 생각하는 스토리 창작과는 분명한 차이가 있지만, 업계 사람이 아니라면 대부분 이 사실을 알지 못한다. (사실 업계 사람 중에도 이 차이를 모르는 이들이 많다.)

이런 사정으로 게임 시나리오 작가에 대한 정보는 적은 편이다. 반면 내가 하는 일과 내가 속한 세계에 관심을 가지고 있는 사람은 생각보다 많은 모양이다. 네이버 지식인에는 게임 시나리오 작가에 관한 질문이 자주 올라온다. 빠른 속도로 답변이 달리지만 대부분 학원 관계자다. 그들의 목적은 아주 순수(?)한데, 상담을 유도해서 수강생으로 만드는 것이다. 이런 학원이 제대로 가르친다면 다행이지만, 그런다 해도 그만큼의 비용을 들일 가치가 있는지 의문이다. 학원에서 말하는 것처럼 몇 개월 배워서 게임 시나리오 작가가 되었다면 원래부터 자질이 있는 사람이었을 확률이 높다. 언젠가 아는 교수님의 제자가 학원의 꼬임에 넘어가서 수백만 원에 이르는 금액을 선결제하고 말았다는 얘기를 들은 적이 있다. 남들과 다른 꿈을 꿨다는 이유만으로 누군가의 먹잇감이 되어버리고 마는 상황이 너무 싫었다.

업계 선배의 입장에서 안타까움을 느꼈고, 게임 시나리오와 게임 시나리오 작가에 대한 진짜 정보를 알려주고 싶다고 생각했다. 많은 사람들이 그 존재를 알고 있지만, 잘 알려지지 않은 직업 중 하나가 게임 시나리오 작가다. 그리고 우연히 난 그 일을 하고 있다. 나 역시 내가 잘 모르는 분야에 종사하는 사람들이 일하는 방식과 생각을 궁금해한다. 특히 직접 쓴 글이나 인터뷰는 챙겨서 본다. 내가 대단하진 않아도 나와 같은 누군가의 지적 호기심을 채워줄 수는 있을 것 같았다. 또한 이 책에서 내가 하게 될 이야기는 크게 보면 결국 콘텐츠와 콘텐츠 창작에 관한 내용이어서 게임이 아닌 다른 콘텐츠 창작자도 관심을 가질 것이라 생각한다.

다소 늦은 감이 있지만, 나에 대해 간단하게 소개해보려 한다. 처음 게임을 만들어야겠다고 생각하게 된 건 초등학교 때였다. 인터넷도 없었던 때라 관련 정보를 얻기가 어려워서 꿈을 이루기까지 많은 시행착오를 겪어야 했다. 게임 기획자가 게임 시나리오도 쓴다고 생각하던 시기였다. 지금도 작은 회사에서는 그러기도 하지만, 돌이켜보면 그때의 내가 되고 싶었던 건 스토리 비중이 높은 콘솔 게임 디렉터였다. (게임 업계에 종사한다면 누구나 한 번쯤 꿈꿔봤을 로망이지만, 현실적으로 이루기는 어렵다.)

어쨌든 게임 개발자라는 꿈을 이룬 지도 10년이 넘었다. 남들은 빨리 은퇴하고 싶다지만, 난 가능한 오랫동안 일하고 싶다. 일하는 게 몹시 재미있기 때문이다. 나에게 일은 일보다는 놀이에 가깝다.

'문명하셨습니다'라는 밈을 탄생시킨 게임 〈문명〉을 개발한 시드 마이어도 같은 말을 했다.

"게임 크리에이터는 세상에서 가장 완벽하고 가장 재미있는 직업이에요. 그래서 저는 세계 최고의 행운아죠."

헷갈리지 말자. 요즘 흔히 유튜버를 게임 크리에이터라고 부르는데, 이는 완벽하게 잘못된 말이다. 정확히는 '게임 영상 크리에이터'라고 해야 한다. 게임 크리에이터는 게임을 만드는 사람이다. 유튜버들은 게임이 아니라 유튜브 영상을 만든다. 이렇게 사소한 네이밍 하나하나까지 민감하게 반응해야 하는 사람이 게임 시나리오 작가다. (게임 개발자로서 게임 크리에이터란 이름을 되찾고 싶다는 작은 바람이 있다.)

이 책은 총 여섯 개의 장으로 구성되어 있다. 각 장의 내용을 간단하게 설명하는 것으로 이 글을 끝맺으려 한다.

1장. 게임 시나리오에 관한 오해와 진실

- 세상엔 잘못된 정보가 너무 많은데, 게임 시나리오와 게임 시나리오 작가에 대한 정보도 그중 하나다. 이 장에서 다룰 내용은 심도 있기 때문에 전문적이라 느껴질지도 모르겠다.

2장. 게임 시나리오 작가의 기술

- 게임 시나리오 작가에게 스토리 작성 능력만 필요한 건 아니다. 제대로 일하려면 몇 가지 기술을 익혀야 한다.

3장. 게임 시나리오 창작에 대한 생각

- 한 분야에서 10년 넘게 '제대로' 일했다면 남들과는 다른 관점을 갖게 되기 마련이다. 이 장에서는 그런 생각들을 정리했는데, 주로 스토리 창작에 관한 내용을 다룬다.

4장. 어떻게 성장할 것인가?

 - 게임 시나리오 작가로서 성장하려면 방향성을 설정해야 한다. 과거의 내가 알았더라면 좋았을 법한 내용들을 정리했다.

5장. 내가 꿈을 따라 걸어온 길들

 - 실체 없는 꿈을 현실로 만들기 위해 내가 고민하고 노력해온 여정들을 기록했다. 사적인 이야기지만 누군가에게는 이 기록이 의미 있으리라 생각한다.

6장. 그래도 게임 시나리오 작가가 되고 싶다면

 - 게임 시나리오 작가의 미래에 관한 전망과 게임 시나리오 작가가 되기 위한 구체적인 방법을 설명한다.

CONTENTS

○ **저자의 말** 004

제1장 **게임 시나리오에 관한 오해와 진실**

01 게임 스토리는 포르노의 경우와 같다는 말에 대하여 015
02 게임 시나리오 작법은 기술의 영역이다 019
03 게임 시나리오 작가가 하는 일 020
04 게임 시나리오는 텍스트다? 022
05 게임 시나리오는 작업서다 025
06 국내 게임의 시나리오는 형편없다는 비난에 대하여 031
07 게임 시나리오 작가는 없다 044
08 게임 세계관에 대한 오해 046
09 게임 시나리오 작가는 게임 개발자다 048
10 게임 시나리오 작가는 전망이 밝다? 049

제2장 **게임 시나리오 작가의 기술**

01 스토리 창작 능력 057
02 시각화 능력 058
03 문제 해결 능력 060
04 통찰력 = 분석력 061
05 글쓰기 능력 063
06 대사 작성 능력 065
07 작명 능력 066
08 커뮤니케이션 능력 069
09 마인드 컨트롤 = 멘탈 에너지 관리 072

제3장   게임 시나리오 창작에 대한 생각

01 콘텐츠를 바라보는 관점 ·· 079

02 스토리 창작에 관하여 ··· 083

03 예술로서의 게임 ··· 085

04 인터넷 방송과 게임의 상관관계 ·· 086

05 닌텐도가 위대한 이유 ··· 089

06 인터렉티브 스토리의 허상 ·· 091

07 게임 속 한국인 캐릭터 ·· 093

08 게임과 정치적 올바름에 대하여 ·· 094

09 게임 시나리오 작가의 마음가짐 ·· 097

10 게임 시나리오 작업을 위한 금단의 비법 ······························· 098

제4장   어떻게 성장할 것인가?

01 게임 시나리오 작가의 성장 메커니즘 ·································· 109

02 기획적 사고 ··· 114

03 통찰력 ·· 125

04 문제 해결 ·· 145

05 시각화(visualizing) ··· 154

06 코어 스캔(core scan) ·· 164

제5장 | **내가 꿈을 따라 걸어온 길들**

01 게임 시나리오 작가의 어린 시절 ·················· 173

02 덕심으로 선택한 진학 ······························· 179

03 진짜 공부를 시작하다 ······························· 182

04 힘들게 시작한 여정 ································· 186

05 꿈을 이루다 ·· 189

06 거듭되는 행운 ······································ 192

07 나를 찾아가는 여정 ································· 197

08 또 다른 꿈을 꾸다 ·································· 206

09 홀로서기 ·· 212

제6장 | **그래도 게임 시나리오 작가가 되고 싶다면**

01 게임 시나리오 작가가 되려면 어느 학교에 가야 하나요? ······· 219

02 게임 시나리오 작가에게 전공이 중요하지 않은 이유 ·········· 220

03 그럼에도 게임 시나리오 작가에게 도움이 되는 전공 ········· 222

04 게임 시나리오 작가 되는 법 ························· 224

05 게임 시나리오 작가의 미래 ························· 228

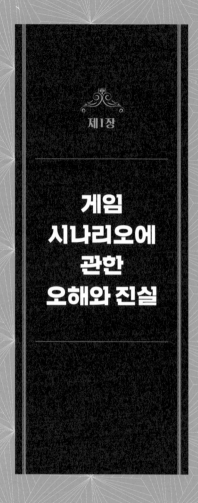

제1장

게임
시나리오에
관한
오해와 진실

게임 스토리는 포르노의 경우와 같다는 말에 대하여

> "게임 스토리는 포르노의 스토리와 같다. 있으면 좋겠지만, 중요하지는 않다"
>
> — 존 카맥(John D. Carmack II)

스토리에 관한 존 카맥의 생각은 게임에 스토리가 필요 없다고 주장하는 이들이 항상 인용하는 문구다. 존 카맥이 누구인가? 게임 하나가 미친 영향력만 따진다면 〈슈퍼마리오〉나 〈테트리스〉와도 맞먹을 수 있는 〈둠〉을 만든 개발자다. FPS라는 장르가 이 게임에서 시작되었다. 이렇게 유명한 게임을 개발한 사람의 말이라면 충분히 설득력을 가질 만하다.

그러나 이 말은 반은 맞고 반은 틀렸다. 〈둠〉에 텍스트로 전달되는 스토리는 없지만, 그렇다고 스토리 요소가 전혀 없는 것은 아니기 때문이다. 〈둠〉의 매뉴얼에 있는 스토리를 요약하면 다음과 같다.

UAC는 다행성 복합기업으로 화성 위의 두 위성을 연결하는 공간이동 장비를 실험 중이었다. 그러나 원인을 알 수 없는 이유로 지옥의 문과 연결되면서 악마들이 튀어나오게 된다. 아비규환의 상황에서 유일하게 살아남은 이가 바로 주인공이다.

〈둠〉의 배경과 몬스터는 분명 스토리를 바탕으로 만들어졌다. 따라서 존 카맥이 말하는 게임 스토리는 '텍스트'일 가능성이 높다. 존 카맥 같은 위대한 게임 개발자조차 스토리와 텍스트를 동일시한다. 그러나 게임에서 텍스트는 스토리를 전달하기 위해 사용할 수 있는 무수히 많은 도구 중 하나에 불과하다. 나 역시도 게임 스토리를 단순히 게임상에 출력되는 텍스트 정도로 생각하던 때가 있었다. 업계에 입문하기 전 게이머 시절뿐만 아니라 게임 개발자가 된 이후에도 한동안 그랬다. 그러나 스토리텔링에 관해 고민하기 시작하면서 생각이 바뀌었다.

이론적으로 게임을 '놀이'나 '서사' 중 어느 관점에서 볼 것인가에 관한 논쟁이 있다. 게임 시나리오 작가 혹은 지망생이라면 '서사'를 선택할지 모르겠다. 그러나 게임은 본질적으로 '놀이'다. 게임 시나리오 작가라는 사람이 스토리, 즉 서사가 중요하지 않다고 말하는데 의아하다는 생각이 들 것이다. 이 말의 근거로 들 수 있는 사례가 세계 최초의 전자 게임인 〈테니스 포 투〉다. 타이밍에 맞춰 버튼을 누르면 공이 튀어 오르는 아주 단순한 형태지만 상호작용을 경험할 수 있다. 모든 게임이 여기에서 벗어나지 않는다.

스토리는 재미있는 게임(놀이)을 만들기 위한 도구다. 그러나 이 스토리라는 도구가 너무나도 강력하기 때문에 게임은 스토리를 적극적으로 활용하고 있다. 영화도 마찬가지다. 세계 최초의 영화인

〈열차의 도착〉이 처음 개봉했을 당시, 많은 이들이 영화를 곧 사라질 매체로 보았다. 〈열차의 도착〉이 단순히 열차가 도착하는 모습을 찍은 기록 영상에 지나지 않았기 때문이다. 그러나 영화는 그 후 스토리와 결합하면서 지금과 같은 매체로 남게 되었다. 이제 영화에서 스토리는 단순히 결합하는 수준이 아니라 최우선 가치다.

우리는 영상으로 만들어진 스토리를 즐기기 위해 영화를 본다. 게임의 경우 스토리가 차지하는 비중은 영화에서만큼까지는 아니어도 존 카맥이 말한 것처럼 '있으면 좋은' 수준은 넘어섰다고 볼 수 있다.

다양한 플랫폼으로 출시되는 수많은 게임 중 스토리 요소가 없는 게임은 특정 장르의 게임 소수에 불과하다. 가장 인기 있는 장르인 RPG에서는 스토리의 비중이 절대적이다. 우리는 RPG에서 '모험'이라는 키워드를 떠올린다. 게임 세계를 경험하는 것 자체가 '모험'이며, 스토리는 모험의 이유를 만들어준다.

[그림1]은 RPG 게임에서 세계관과 관련된 요소를 도식화한 것이다. 얼핏 봐도 게임 전반에 영향을 미치고 있다는 사실을 확인할 수 있다. 세계관은 스토리뿐만 아니라 게임 자체의 시작점이 되기 때문에 게임의 수많은 요소에 영향을 미친다. 세계관에서 모든 것들이 파생된다고 봐도 과언이 아니다. 여전히 게임에 스토리는 필요 없다고 생각하는 이들도 많지만, 게임에서 스토리의 비중은 절대 낮지 않다. 그러나 그렇다고 절대적이지도 않다.

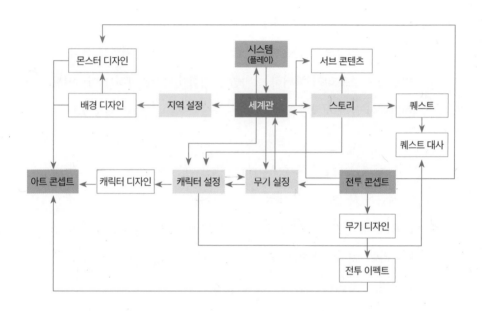

[그림1]
RPG의 시나리오 범위 (『이론과 실전으로 배우는 게임 시나리오』(한빛미디어, 2018) 인용)

제1장 게임 시나리오에 관한 오해와 진실

게임 시나리오 작법은
기술의 영역이다

책 쓰기를 인생의 목표로 삼는 사람이 의외로 많다. 그 때문인지 '작가'라는 단어는 매력적이면서 감성적으로 다가온다. 뭔가 말랑말랑(?)하다. 그러나 게임 시나리오 작가는 '기술자'에 가깝다. 스토리 창작 자체가 이성의 영역이어서 특별한 기술을 필요로 하기 때문이다. 기술자라니? 다소 의아할지도 모르겠다. 기술을 '무엇인가를 만들어내거나 성취하는 방법'으로 정의한다면 스토리 작법은 기술이 분명하다. 이런 관점에서는 스토리를 만들기 위한 방법론을 다룬 스토리 작법서 역시 기술서가 된다.

스토리 작법이 기술이라는 말을 듣고 실망하는 사람이 있을지도 모르겠다. '작가'라는 말을 들었을 때, 우리가 떠올리는 이미지는 영감을 받아 하룻밤 만에 걸작을 완성하는 천재의 모습이다. 물론 그런 사람이 존재할 수도 있지만, 대부분은 과장되었다. 일례로 모차르트를 생각해보자. 그는 천재의 대표격으로 손꼽힌다. 하지만 최근에 이르러서는 당대 최고의 음악 교육가였던 아버지의 교육이 모차르트를 만들었다고 보는 시각이 많다.

물론 스포츠에서는 타고난 신체 조건이 대단한 재능이 된다. 노력만으로는 절대 따라갈 수 없다. 그러나 스토리 작법은 운전과 마찬가지로 기술이어서 누구나 배우기만 한다면 일정 수준에 도달할 수 있다. 그렇다고 쉽다는 의미는 아니다. '기술자'라 불리기 위해선 많은 시간과 노력을 투자해야 한다.

 게임 시나리오 작업은 단순히 스토리를 만드는 일이 아니다. 게임이라는 매체의 특성과 만들고 있는 게임에 대해서도 고려해야 한다. 제약은 작업의 난도를 높인다. 그리고 게임만큼 제약 많은 매체가 없다는 점에서 게임 시나리오 작업은 가장 수준 높은 기술을 필요로 하는 셈이다.

게임 시나리오 작가가 하는 일

게임 시나리오 작가는 게임 제작에 필요한 시나리오를 만드는 사람이다. 이때 '게임 시나리오'와 '게임 스토리'의 차이를 확실하게 구분해야 한다. 일반적으로 게임 시나리오와 게임 스토리를 같은 의미로 사용하지만, 둘은 엄연히 다르다. 게임 시나리오는 게임의 스토리텔링을 위한 모든 작업을 말한다. 세계관, 스토리, 캐릭터 설정, 배경 설정, 대사와 같은 모든 것을 포함한다. 게임 스토리는 게임 시나리오의 일부분으로, 게임 시나리오가 더 큰 개념이다.

스토리를 만드는 것은 게임 시나리오 작가의 주된 업무지만, 전부는 아니다. 그렇기에 게임 시나리오 작가를 단순히 '스토리 창작자'로만 생각한다면 게임 시나리오 작가라는 직업을 완전히 이해할 수 없다. 게임 시나리오 작가가 실무에서 하는 일을 정리하면 아래와 같다.

〈게임 시나리오 작가가 하는 일〉
스토리 창작
세계관 설정
캐릭터(몬스터 포함) 설정
아이템 설정
배경 설정
퀘스트 설정 및 제작
이벤트 신 연출
대사 작성
각종 작명
보이스 디렉팅
관련 툴 작업
+a

회사마다 요구하는 업무는 다를 수 있지만, 해야 하는 일의 종류가 생각보다 많고 점점 늘어나는 추세다. 작은 회사라면 툴 작업은 물론, 퀘스트 제작을 위한 스크립트 작업까지 해야 할 수도 있다. 게임 시나리오 작가에게 요구하는 스크립트의 수준은 크게 복잡하지 않겠지만, 경험이 없다면 어려움을 겪을 수 있다.

참고로 게임 시나리오 작가가 가장 많이 사용하는 프로그램은 다름 아닌 '엑셀'이다. 게임 시나리오라고 하면 워드나 파워포인트로 보기 좋게 작업한 문서를 떠올리겠지만, 실무에선 작업 내용을 바로 데이터로 전환할 수 있는 엑셀을 주로 사용한다. 최근엔 공유하기 용이하다는 강점이 있는 위키 문서도 많이 활용하는 추세다.

게임 시나리오는 텍스트다?

게임에 시나리오가 중요하지 않다고 주장하는 이들의 근거 중 하나는 어차피 게이머들이 대사를 읽지 않는다는 것이다. 같은 맥락에서 〈리그 오브 레전드〉도 시나리오가 없다고 한다. 그러나 〈리그 오브 레전드〉의 캐릭터들이 음성으로 출력하는 대사도 게임 시나리오 작업의 결과다. 흔히 텍스트가 게임 시나리오의 전부라고 생각하지만, 텍스트는 원래 게임의 문법이 아니다. 이때 문법은 '각각의 매체가 스토리를 전달하는 방법'을 의미한다.

우리는 소설을 읽고, 영화를 보며, 게임을 플레이한다. 이는 각각의 매체가 가진 본질에 따른 문법이다. 소설의 문법은 텍스트다. 대사나 문체로 스토리를 전달한다. 영화는 영상으로 스토리를 전달한다. 게임의 플레이를 만들어내는 것은 게임 시스템인데, 이것이 게임의 문법이다.

구체적인 예를 들어보겠다. 같은 시각 매체라는 점에서 드라마와 영화는 문법이 같다고 생각할 수 있지만, 이 둘의 문법은 확실히 다르다. 우리는 종종 어떤 드라마를 보고 '영화 같다'고 하는데, 만약 두 매체의 문법이 같다면 굳이 이런 표현을 쓰지 않을 것이다. 우리가 영화 같다고 하는 드라마는 영상 연출이 뛰어날 확률이 높다. 구체적으로 설명할 수는 없어도 경험적으로 영화의 문법이 영상이라는 사실을 알고 있는 것이라고 볼 수 있다.

게이머들은 스토리를 텍스트로 읽는 것이 아니라 플레이로 경험하고 싶어 한다. 게이머들이 스토리를 읽지 않는다는 사실에 분개하는 게임 시나리오 작가도 있지만, 애초에 텍스트는 게임의 문법이 아니다. 게임의 문법이 아닌 형태로 스토리를 전달하는 게임이 문제라고 봐야 한다. 게이머는 아무런 잘못이 없다. 죄가 있다면 게임을 그렇게 만든 회사에게 있다.

가장 이상적인 형태는 게임 시스템으로 스토리를 전달하는 것이다. '이상적'이라는 표현에서 눈치챘겠지만, 그만큼 어렵다. 스토리가 중간에 바뀌어서 게임 시스템을 구현하기 위해 들였던 노력이 모두 물거품이 되기도 한다. 스토리를 영상으로 제작하면 전달 효과는 좋지만 비용이 많이 들고, 스토리가 수정되었을 때 대응하기가 어렵다. 이런 이유로 게임을 만드는 입장에선 수정하기 쉬운 텍스트 위주의 스토리텔링을 지향하게 된다. 동일한 스토리를 전달한다고 할 때, 영상보다는 텍스트가 압도적으로 저렴하다. 결국 텍스트 중심의 스토리텔링은 순전히 게임 회사를 위한 선택이다. 이런 이유로 많은 사람이 '게임 시나리오(게임 스토리)=텍스트'라는 인식을 가지게 되었다.

고전 게임 〈이코〉에서는 소년이 소녀의 손을 잡는 순간의 떨림이 게임 패드의 진동을 통해 게이머에게 전달된다. 게임 패드의 진동이라는 게임기의 가장 기본적인 시스템을 스토리텔링에 활용한 예다. 이 게임을 좋아하는 게임 개발자가 유독 많은 이유는 게임다운 스토리텔링을 했기 때문이다. 대사로 대표되는 텍스트는 게임에서 적으면 적을수록 좋다. 내가 게임 시나리오와 텍스트를 동일시하지 않게 된 건 일을 시작하고 5년이 지난 뒤였다. 업계에서 주니어와 시니어를 구분하는 기준이 5년인데 어느 정도 일치하는 것 같다.

여하튼 대사로 대표되는 텍스트는 게임 시나리오의 일부에 불과하다. '게임 시나리오=텍스트'라는 생각은 지워버리자.

게임 시나리오는 작업서다

게임 시나리오라고 하면 판타지 소설을 떠올리는 경우가 많지만, 소설과 게임 시나리오는 완전히 다르다. 이해하기 다소 어려운 측면이 있기에 게임보다 친숙한 영화로 예를 들어 설명해보려고 한다. 바로 영화 〈기생충〉의 시나리오다.

〈기생충〉이 아카데미에서 상을 휩쓸고 난 이후, 그 시나리오와 스토리보드 세트가 판매 순위 1위에 올랐다. 그때 든 생각 중 하나는 '완독하는 비율은 얼마나 될까?'였다. 영화 시나리오는 영화라는 콘텐츠를 만드는 것을 목적으로 한다. 작가의 작업물 자체가 콘텐츠가 되는 소설이나 만화와는 분명 차이가 있다. 이런 목적의 차이로 인해 영화 시나리오는 '재미'가 다소 떨어지는 편이다.

#2. 반지하. 낮.

구질구질한 반지하 공간, 핸드폰을 치켜든 기우(남, 24)가 와이파이 신호를 잡기 위해서 집 여기저기를 돌아다니고 있다. 많은 와이파이 신호들이 포착되지만, 다들 암호로 잠겨 있다.

　　기우　　아… iptime 결국… 기정아! 윗집 와이파이가 암호를
　　　　　　거셨다. 드디어.

좁은 방 안에 누워 있는 기정(여, 23)의 입 모양이 '씨바'의 느낌으로 살짝 움직인다.

>   기정   숫자 1에서 9까지 눌러봐. 반대 순서도 해보고.
>   기우   다 안 돼.

다른 방에 누워 있는 충숙(여, 49) 허탈한 듯 피식 웃으며,

>   충숙   뭐야 그럼, 이제 알바 연락 같은 거도 못 받는 거?
>   야… 김기택!

발아래 쪽 맨바닥에서 자고 있는 기택(남, 49)의 옆구리를 툭툭 발로 차는 충숙

>   충숙   어이 씨발 자는 척하지 말고. 어떻게 생각하셔?
>   기택   (침 닦으며) … 어… 뭐?
>   충숙   우리 핸폰들 다 중지된 건 알지? 다른 집 와이파이 쓰
>   던 거두 다 끊기구. 어쩔 거여… (툭 차며) 어떡할 거
>   야… 계획이 뭐냐고!

구박을 받는 와중에도 '온화한' 미소를 띠며 일어나는 기택, 부스스… 부엌 겸 마루로 나간다. 텅 빈 냉장고에서 식빵 봉지를 꺼내는 기택, 양쪽 끝 껍데기만 남은 식빵에서 초록색 곰팡이 부분을 뜯어낸다. 와이파이 신호를 찾아 서성이는 아들내미를 바라보는 기택, 식빵을 씹으며,

기택   기우야, 와이파이는… (팔을 위로 들며)

            높이 들어봐. 높이.

기우   네, 아버지.

핸드폰 높게 들며 화장실 안까지 들어가는 기우. 좁고 긴 화장실 끝에 계단식 제단(?)이 있고 그 위에 변기가 올리기 있다. 징화소와의 압력 관계 때문에 일부 반지하 주택에서는 불가피한 변기 위치. 시각적으로는 좀 황당하다. 제단 위 변기에 올라간 기우, 끈질기게 신호를 찾다가,

기우   오예!

기정   잡혔어?

대뜸 화장실로 들어오는 기정, 핸드폰을 치켜들고 변기 쪽으로 접근한다.

기우   잡히지? coffeenara_2G. 이거 새로 오픈한 건가? 근처에?

기정   난 왜 안 잡히지?

기우   이리로 바싹 올라와봐.

기정, 핸드폰을 치켜들며 위쪽으로 바싹 올라간다. 다들 머리가 천장에 꾹 닿은 채 계단 위 변기에 엉겨 붙은 남매의 기이한 모습을 바라보는 충숙.

충숙   '피자시대' 카톡 안 왔어? 이번에 이천 박스만 더하면

결산인데….

#3. 반지하. 시간 경과

아직 접지 않은 피자 박스의 원판들이 산더미처럼 쌓여 있고, 거실에 둘러앉은 기택과 식구들이 말없이 피자 박스를 접고 있다. 사각사각 종이 소리만 들려오는 가운데, 촌스러운 '피자시대' 로고가 화면 앞을 오간다. 순간, 밖에서 두두두– 방역기 소리가 들려오더니, 방역기가 내뿜는 소독약 흰 구름이 창밖으로 보인다. 무럭무럭 창문 쪽으로 다가오는 새하얀 소독 연기.

        기정   (기우 향해) 창문 닫어.
        기택   놔둬봐. 꽁짜로 집안 소독하지 뭐. 곱등이도 죽일 셈….

창문 닫으려 일어나다가 그냥 앉는 기우. 창문을 통해서 새하얀 소독 연기가 집 안으로 덮쳐온다. 자욱한 흰 연기 속에서도 계속 피자 박스를 접는 네 식구… 뭔가 처연한 느낌마저 드는데,

        충숙   크액–캑!! 아우 씨발!
        기정   (쿨럭이며) 닫으랬지!
        기우   ….
        충숙   에라이 진짜….

괜찮은 척 고개 숙여 계속 박스만 접는 기택, 기침을 참느라 얼굴에 시–뻘겋게 핏줄이 오른다. 기우는 변기 옆에 놓아둔 핸드폰을 가져오

더니, 다운받은 GIF 파일의 재생 버튼을 누른다.

기우   이거 함 보세요, 들…. 이 속도로 하면 오늘 중에 돈 받
        을 거 같애!

화면에 반복 재생되는 '피자 **박스** 달인' 짤. 백인 여자애가 현란한 솜
씨로 피자 박스를 접는다. 실로 놀라운 스피드…. 경악스러운 표정의
식구들, 뿌연 안개 속에서 더욱 열심히 박스를 접는다. 속도를 올려보
려 용을 쓰는 기택, 그러나 손이 빨라질수록 뭔가 더 어설프고 불안해
보인다.

영화 〈기생충〉의 초반부는 기택 가족의 열악한 생활환경을 보여
주는 데 초점을 맞추고 있다. 예고편 처음에도 나와서 유명한 #2는
무료 와이파이를 찾아 헤매는 기우와 기정의 모습과 독특한 화장실
을 보여준다. 소독 연기가 집 안까지 들어오는 장면이 나오는 #3 역
시 역시 외부와의 경계가 불분명한 반지하의 특성을 보여주고 있다.
이를 통해 드러나는 우리나라 반지하 주택만의 독특한 구조 자체가
기택 가족의 절대적 빈곤을 상징하게 되는 것이다.

영화 제작에 관여하는 창작자라면 파트와 상관없이 영화 시나리
오를 볼 때 어떻게 영상으로 구현할 것인가에 주안점을 둔다. 미술
감독이라면 연출자가 생각한 배우의 동선과 카메라 앵글이 제대로
구현되도록 공간을 구성해야 한다. 실제로 〈기생충〉의 반지하 주택
세트는 홍수 신 촬영을 위해 대형 수조에 지어졌다. 이처럼 영화 시

나리오는 장면 구현을 위해 쓴 글이어서 목적이 명확한 편이다.

영화 시나리오의 경우와 마찬가지로, 게임 시나리오 역시 게임을 만들기 위한 작업서다. 게임을 구성하는 주요 리소스라 할 수 있는 캐릭터(몬스터 포함)와 배경은 세계관을 바탕으로 만들어진다. 이런 리소스들을 활용한 퀘스트가 있어야만 게임에서 스토리를 제대로 경험할 수 있다. 그와 관련된 수많은 문서가 모두 게임 시나리오다. 이 문서들 중에는 보여주기 위한 것도 있지만, 바로 데이터로 전환되는 것도 많다. 엑셀 사용 빈도가 높은 것은 이 때문이다. 그러나 엑셀은 가독성이 떨어지는 편이어서 내용 파악이 쉽지 않다. 영화 시나리오와 마찬가지로 스토리의 재미를 느끼기 어렵다. (게임 시나리오에 환상을 가지고 있는 지망생이라면 아마 크게 실망할지도 모르겠다.)

게임 시나리오만의 또 다른 특징은 표준화하기 어렵다는 점이다. 영화는 스토리만 다를 뿐 그 형식은 같기에 공통된 시나리오 양식이 존재할 수 있다. (물론 약간의 차이는 있다.) 반면 게임은 저마다 차이가 큰 편이어서 플랫폼과 장르가 같아도 형식이 다르다. 과거에 게임 시나리오 형식을 통일하고자 '게임 시나리오 표준 양식'을 만들려는 시도도 있었다. 그러나 게임 시나리오는 게임 개발 환경에 따라 달라지기 마련이기에 애초에 무모하고 무의미한 도전이었다고 할 수 있다.

국내 게임의 시나리오는
형편없다는 비난에 대하여

NDC나 IGC같은 게임 개발자 컨퍼런스의 강연이 끝나면 관련 내용을 정리한 기사들이 발표된다. 그중 게임 시나리오 상연에 대한 기사의 반응이 가장 뜨겁다. 강연 내용과 상관없이 거의 무조건 욕을 먹는다. 허접한 국내 게임 개발자가 감히 게임 시나리오에 관해 이야기했다는 게 이유다.

사실 국내 게이머의 높은 눈높이를 만족시킬 수 있는 국내 게임은 몇 되지 않는다. 덕분에 국내 게임과 함께 게임 시나리오도 부정적인 평가를 받게 되었다. 이 대목에서는 실무자의 입장에서 게임 시나리오의 완성도가 낮을 수밖에 없는 내막에 대해 설명해보려 한다. 내막이라고 하지만, 실은 변명이다.

패키지 게임과 온라인 게임의 수익 구조

국내에서 만든 게임 중 시나리오 완성도가 높은 것으로는 〈창세기전〉 〈어스토니시아 스토리〉 〈화이트데이〉 등이 있다. 이들 게임은 '고전 명작'이라 불리며, 이후에 만들어지는 게임들의 비교 대상이 된다. 이들의 공통점은 모두 패키지 게임이라는 것이다. 반면 국내에서 만들어지는 게임은 대부분 온라인 게임이다. 얼핏 패키지 게임과 온라인 게임을 같은 범주로 생각할 수 있을 것 같지만, 구조적인 관점에선 완전히 다르다.

패키지 게임은 혼자 플레이한다는 점에서 싱글 플레이어 게임(single player game)이라 하는데, 이는 온라인 게임과 구분하기 위한 명칭이다. 보통은 콘솔 게임, 패키지 게임, 싱글 게임 등으로 불린다. 패키지 게임의 특징은 하나의 상품이면서 작품이라는 점이다. 게임의 완성도가 높을수록 수익이 늘어나는 구조고, 완성도를 결정하는 여러 요소 중에서 시나리오가 차지하는 비중이 높다. 시나리오가 곧 수익과 직결된다고 볼 수 있다. 그렇기 때문에 게임 시나리오에 신경 쓰고 비용을 투자해야만 한다.

반면 온라인 게임은 광고나 캐릭터 판매를 통해 수익을 내는데, 이때 수익과 직결되는 지표는 잔존율이다. 잔존율을 높게 유지하기 위한 방법 중 가장 쉬우면서도 효과적인 것이 바로 성장 시스템이다. 장르와 상관없이 성장 시스템만 있다면 잔존율이 일정 수준 이상 유지된다. 시스템이 거의 유사한 '복붙 게임'들이 만들어지는 것은 철저히 상업적인 이유에서다. 이미 수많은 게임에서 검증된 성공 공식이므로 게임 회사 입장에서는 성장 시스템 위주의 온라인 게임을 만드는 것이 당연하다. 온라인 게임에서 게임 시나리오의 비중이 작은 이유도 패키지 게임에서와 달리 수익과 직접적으로 연결되지 않기 때문이다. 결과적으로 게임 시나리오에 대한 비용 투자가 줄어들면서 시나리오의 완성도 역시 떨어지게 될 확률이 높다.

이처럼 패키지 게임과 온라인 게임은 구조적인 차이가 있다. 〈창세기전〉 시리즈를 바탕으로 만들어진 온라인 게임 〈창세기전: 안타리아의 전쟁〉은 전형적인 캐릭터 수집형 RPG다. 원작과 비교한다면 완전히 다른 게임이라 볼 수 있다. 패키지 게임에서 경험할 수 있는 스토리텔링과 온라인 게임에서 경험할 수 있는 스토리텔링은 다르다. 패키지 게임은 패키지 게임끼리, 온라인 게임은 온라인 게임끼리 비교해야 제대로 평가할 수 있다. 그러나 게이머들은 이런 구조적인 차이까지는 알지 못하기 때문에 동일선상에서 평가한다. 온라인 게임 위주인 국내 게임의 시나리오가 저평가받는 것은 당연하다.

패키지 게임과 온라인 게임 비교

앞에서 패키지 게임과 온라인 게임의 차이를 간략하게 설명했지만, 아무래도 부족한 듯하여 설명을 보충하려 한다. 패키지 게임이라고 표현하면 의미는 통하지만, 완벽한 콩글리쉬다. 온라인 게임과 구분하는 개념으로 사용하려면 '싱글 플레이어 게임'으로 부르는 것이 더 정확한 용어다. 내가 싱글 플레이어 게임과 온라인 게임을 구분해서 생각하게 된 시점도 일을 시작하고 5년이 지나 시니어가 된 뒤였다.

싱글 플레이어 게임과 온라인 게임의 구분은 게임과 스토리의 구조에 관한 내용이어서 알아두면 게임을 한 단계 높은 수준에서 이해할 수 있다. (게임 시나리오 작가 지망생이라면 이 개념만 알아도 이 책의 값어치 이상을 얻어가는 것이라 생각한다.)

먼저 알아야 할 개념은 '게임의 지향점'이다. 말 그대로 게임이 추구하는 방향성을 의미하는데, 게임에서 어떤 재미를 줄 것인가를 뜻한다. 게임 회사가 게임을 만들고, 게이머들이 게임을 하는 목적이기도 하다. 싱글 플레이어 게임과 온라인 게임을 구분해야 하는 이유는 게임의 지향점이 다르기 때문이다. 게임 시나리오 작업을 한다면 가장 먼저 생각해야 하는 문제지만, 지금까지 중요하게 다뤄지지 않았다.

1) 싱글 플레이어 게임 : 콘솔 RPG

콘솔 RPG의 지향점은 '모험'이다. 콘솔 RPG에서 스토리는 모험하는 이유가 된다. 게임 세계를 구성하는 공간의 동선도 만들어준다. 콘솔 RPG에서는 모험하는 경험 자체가 중요하기 때문에 플레이의 비중도 높다. 그래서 몬스터가 다수 제작되며, 플레이 공간인 필드가 중요해진다. 플레이와 관련된 시스템도 많다. 스토리텔링을 위한 도구가 많은 편이어서 스토리텔링 만족도가 높다.

2) 온라인 게임 : 캐릭터 수집형 RPG

캐릭터 수집형 RPG의 지향점은 '성장'이다. 캐릭터의 성장이 게임의

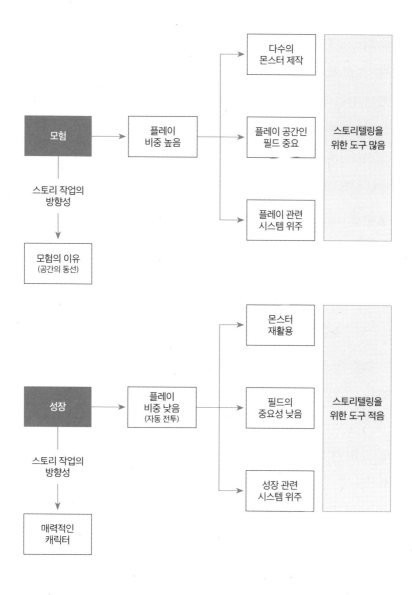

[그림2]
콘솔 RPG와 캐릭터 수집형 RPG 비교

중요한 재미 요소다. 스토리 작업도 성장시키는 대상인 캐릭터를 매력적으로 보이게 하는 데 주안점을 둔다. 모험 과정에서 재미를 얻는 콘솔 RPG와는 달리, 캐릭터 수집형 RPG에서는 과정이 생략되고 결과를 통해 재미를 얻는다. 과정이 중요하지 않고 생략되어도 무방하기에 자동 전투가 기본이 된다. 따라서 몬스터 제작에 공들일 필요도 없다. 필드 역시 배경 이상의 의미를 갖지 못한다. 강화 같은 성장 관련 시스템 위주의 게임이 되면서, 플레이 비중이 줄어든다. 스토리텔링 도구가 적은 편이기에 스토리텔링에 대한 만족도 역시 떨어진다.

국내 게임 시나리오에 대한 평가가 부정적일 수밖에 없는 이유는 단순하다. 스토리텔링 경험이 떨어지는 온라인 게임(캐릭터 수집형 RPG, MMORPG)을 주로 만들기 때문이다. 물론 작가 역량의 문제일 수도 있지만, 구조적 문제가 더 크다. 국내 시장 환경이 달라지지 않는 이상, 게임 시나리오 작가는 계속해서 욕을 먹을 수밖에 없는 운명이다.

싱글 플레이어 게임이 '작품'으로 존재한다면, 온라인 게임은 '서비스'로 존재한다고 볼 수 있다. 겉으로 보기에 같은 RPG라도 싱글 플레이어 게임이냐 온라인 게임이냐에 따라 그 성격은 완전히 달라진다. 그동안 우리는 싱글 플레이어 게임과 온라인 게임을 전혀 구분하지 않았다. 이는 사자와 호랑이를 뭉뚱그려 고양잇과 동물이라 부르는 것과 다르지 않다. 우리가 사자와 호랑이를 구분하는 것처럼 싱글 플레이어 게임과 온라인 게임도 구분할 필요가 있다. 그래야만 게임 시나리오를 제대로 평가할 수 있다.

원인1. 게임 시나리오를 텍스트와 동일시하는 문제

지금부터는 국내 게임의 시나리오가 혹평을 받는 이유들을 분석해 보려 한다. 앞서 게임 시나리오와 텍스트는 다르다고 이야기했다. 텍스트는 게임의 스토리를 전달하는 표현 방식 중 하나에 지나지 않는다. 하지만 '게임 시나리오=텍스트'라고 생각하는 이들이 많다. 문제는 게임 개발자들 중에도 이렇게 잘못된 인식을 가지고 있는 사람들이 많아서 여러 가지 악영향을 끼친다는 것이다.

일단 게임에서 텍스트는 언제든지 수정할 수 있어 가장 비용이 낮은 리소스다. 그런데 언제든 수정 가능하다고 생각하기 때문에 게임 시나리오 작가를 고용하는 시점이 늦어지는 경우가 일반적이다. 이때 발생하는 문제점 중 하나는 이미 많은 캐릭터가 만들어져 있다는 것이다. 게임 시나리오 작업이 진행될수록 활용하기 애매한 캐릭터가 늘어나기 마련이다. 별것 아닌 것처럼 보이는 몬스터라도, 하나 제작하려면 원화·모델링(3D 게임)·애니메이션·이펙트 등의 작업을

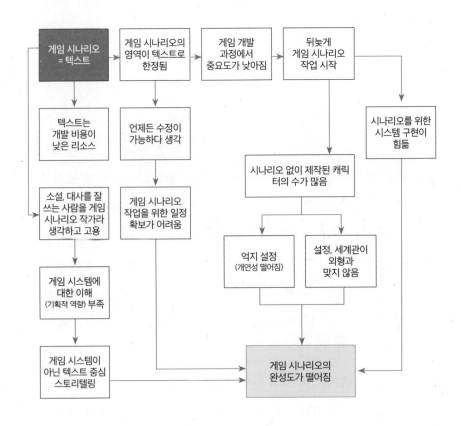

[그림3]
게임 시나리오의 완성도가 떨어지는 이유 (『이론과 실전으로 배우는 게임 시나리오』(한빛미디어, 2018) 인용)

거쳐야 해서 적지 않은 비용이 든다. 그래서 정말 특별한 이유가 없다면 게임 시나리오 작가는 이런 캐릭터들을 모두 활용해야만 한다. 결국 억지스러운 설정을 하거나 세계관과 맞지 않는 캐릭터를 등장시키면서 게임 시나리오의 완성도를 떨어뜨리는 결과를 낳는다.

스토리의 완성도는 작업 시간에 비례하는 편이다. 초고보다는 재고의 스토리가 당연히 더 재미있다. "그것이 무엇이든, 모든 초고는 쓰레기"라는 헤밍웨이의 말은 불변의 진리다. 스티븐 킹도 "초고는 글이 아니"라고 했다. 고치면 고칠수록 좋아지는 것이 스토리다. 그러나 게임 시나리오 작가가 뒤늦게 합류한다면 그만큼 수정을 통해 스토리를 발전시킬 시간이 부족해진다. 물론 초고가 대단히 뛰어난 경우도 있지만, 그럴 확률은 극히 낮다. 우리가 잘 아는 대문호들도 수십 년의 수정 과정을 통해 작품을 완성했다. 완성도를 높이고자 한다면 작업 시간이 충분히 보장되어야 한다. 이 시간은 많으면 많을수록 좋다.

아무리 계획을 잘 세우고, 역량이 뛰어난 개발자가 있다 하더라도 일정은 미뤄지기 마련이다. (참고로 〈듀크 뉴켐 포에버〉는 14년 만에 완성되었다.) 일정이 미뤄질 때의 선택은 뻔하다. 만들기로 한 것 중에서 불필요하다고 생각되는 스펙을 줄이는데, 첫 번째 타깃이 시나리오 관련 항목이다. 게임 시나리오 작가가 초기부터 참여했다면 어느 정도 방어할 수 있겠지만, 늦게 합류했다면 기존 시스템과 텍스트만 활용해야 한다. 이는 게임 시나리오 완성도에 직접적인 영향을 미친다. 〈블레이드 앤 소울〉이 좋은 평가를 받았던 이유 중 하나는 퀘스트와 관련된 시스템을 구현하는 데 비용을 투자했기 때문이다. 스토리 전달을 위한 게임 시스템은 (무조건) 많을수록 좋다.

또 다른 문제점은 대사나 소설을 잘 쓰는 사람을 게임 시나리오 작가와 동일시한다는 것이다. 그러나 이런 기준으로 채용된 게임 시나리오 작가는 기획 역량이 떨어질 확률이 높다. 자신이 잘 모르기 때문에 게임 시스템보다는 텍스트 위주로 스토리텔링을 하게 된다. 텍스트로만 스토리를 전달하는 게임이 재미없어지는 것은 당연하다.

이처럼 게임 시나리오를 텍스트와 동일시하는 순간 많은 문제가 발생하면서 완성도가 떨어지게 된다.

원인2. 좁은 게임 시나리오 작가 풀

매체를 선택하여 스토리를 창작할 수 있다고 한다면 작가들은 어떤 매체를 선택할까? 아마도 웹툰, 웹소설, 드라마를 선택할 확률이 높다. 일단 수입이 높고, 작가로서의 위상도 다르다. 기본적으로 저작권이 확실하게 보장된다. 영화도 저작권이 보장되긴 하지만, 대우가 좋은 편은 아니다. 그렇다 보니 직접 감독이 되거나 드라마 작가가 되는 영화 시나리오 작가가 많아지고 있다. (최근 괜찮은 한국 영화를 보기 어려워진 것도 영화 시나리오 작가의 수가 적어졌기 때문일 것이다.)

안타깝게도 게임 시나리오 작가는 자신의 창작물에 대한 저작권이 없다. 출판업계에서 종종 이루어지는 '매절 계약'과 같은 형태나. 게임 시나리오 작가는 회사에 소속된 직원으로 일하며, 회사가 원하는 스토리를 만든다. '내 새끼가 아니'라는 점은 창작자로서의 동기부여를 떨어뜨린다. 물론 스토리 창작을 하면서 월급을 받는다는 건 (그것도 정규직으로) 대단한 이점이다. 하지만 그 월급도 그리 높지는 않다.

게임 시나리오 작업이 일반적인 '작가'의 작업과 다른 점 중 하나는 협업을 기본으로 한다는 점이다. 게임 시나리오와 관련 있는 다른 파트와 회의하고, 피드백을 받으며 끊임없는 수정 과정을 거쳐야 한다. 그 과정에서 의견을 조율하는 것이 결코 쉽지는 않다. 게임 시나리오 작가가 되었더라도 이런 작업 환경에 적응하지 못하면 오래 일하기 어렵다.

결국 '작가에게 저작권이 보장되지 않음' '마냥 작가가 원하는 대로 스토리를 만들 수 없음' '낮은 수입' '협업의 어려움' 등은 게임 시나리오 작가라는 직업을 꺼리게 하는 이유가 된다.

웹툰과 웹소설 시장이 성장할 수 있었던 가장 큰 이유는 양이 질로 이어졌기 때문이다. 지금도 이들 분야에는 수많은 작가 지망생이 존재하며, 계속해서 대단한 작가들이 등장하고 있다. 기성 작가들 중에는 자신이 데뷔할 수 있었던 것은 산업 초창기였기 때문이라고 말하는 사람들도 있다. 겸손한 말일 수도 있지만, 그만큼 웹툰 시장의 경쟁이 심하다는 뜻이다. 이런 과정을 거쳐 대중에 선보이는 작품의 완성도가 높은 것은 당연하다.

게임 시나리오 작가가 지금보다 많고 경쟁이 치열했다면, 국내 게임 시나리오의 완성도는 지금보다 훨씬 높았을 것이다.

원인3. 작가가 역량을 쌓기 어려운 환경

드라마 미니 시리즈나 상업 영화 작가의 경우, 시나리오를 완성할 수 있게 되기까지 걸리는 시간을 5년으로 본다. MMORPG 시나리오 작가가 되려면 그 이상의 시간이 필요할 수도 있다. MMORPG처럼 규모가 큰 게임에서는 게임 시나리오 작가에게 많은 것을 요구한다. 그중 하나가 자신이 작업한 스토리가 게임에서 어떻게 구현될지(시각화) 아는 감이다. 이는 이론을 공부한다고 해서 배울 수 있는 것이 아니라서 실무 경험이 필수다. 하지만 게임 시장이 모바일 위주로 재편되면서 경험을 쌓기가 점점 어려워지고 있다.

PC MMORPG와 모바일 MMORPG는 거의 같은 게임처럼 보이지만, 모바일 MMORPG에서는 많은 부분이 생략된다. 스토리 관련 콘텐츠도 생략되는 것 중 하나다. 게임 시나리오 작가들의 성장을 위해서는 PC MMORPG를 개발하는 것이 낫지만, 거의 제작되지 않는 것이 현실이다.

게임 시나리오 작가의 역량을 향상하기 위한 다른 방법으로 교육 기관을 생각할지 모르겠다. 드라마나 영화 스토리 창작을 배울 수 있는 교육 기관은 많다. 그러나 게임 시나리오 창작을 가르치는 교육 기관은 전무하다. 일부 게임 학원에서 게임 시나리오를 가르치기는 하지만, 수준이 현저히 떨어진다. 커리큘럼이 실무와 무관한 보여주기용 문서를 만드는 데 초점을 맞추고 있다. 홈페이지나 광고성 블로그에는 뜬구름 잡는 이야기뿐이다. 볼 만한 서적도 부족한 편이다.

단순 비교는 어렵지만, 마케팅이나 사업 같은 다른 파트는 많이 발전했다. 내가 처음 일을 시작한 2008년과 비교하면 확실히 나아진 것을 체감할 수 있다. 반면 게임 시나리오 파트는 방법론적인 측면에서 크게 달라진 점이 없다.

이런 환경에서도 역량이 뛰어난 게임 시나리오 작가는 존재한다. 문제는 이런 작가들이 가진 노하우가 사장된다는 점이다. 〈블레이드 앤 소울〉은 제작비가 500억이나 되었지만, 게임 시나리오 작가는 한

명에 불과했다. 일반적으로 게임 업계에서 후임은 선임의 도제처럼 여겨지며 선임으로부터 교육을 받는다. 신입이라면 선임이 없는 회사에는 가지 말라고 조언하는 것도 이 때문이다. 그런데 게임 시나리오 파트에서는 좀처럼 선임과 후임의 도제 관계가 성립하지 않기 때문에 어려움이 많다.

게임 시나리오 작가는 없다

소설가에게 게임 시나리오를 맡기는 것은 옳은 선택처럼 보이지만 소설과 게임의 스토리텔링은 분명한 차이가 있다. 소설이라면 캐릭터에게 어떤 과거가 있고, 현재 어떤 생각을 하는지를 쉽게 전달할 수 있다. 캐릭터의 내면을 다루기가 쉽다는 것이다. 반면 게임에서 같은 내용을 전달하려면 큰 비용이 든다. 아예 전달할 수 없는 경우도 있다. 소설에서 전개할 수 있는 스토리와 게임에서 전개할 수 있는 스토리는 분명히 다르다. 매체가 가진 특성 차이가 크고, 이것이 스토리텔링에도 영향을 미친다.

　게임 시나리오 작가는 자신의 스토리가 게임에서 어떻게 구현될지를 머릿속에서 완전히 이미지화할 수 있어야 한다. 이는 앞서 잠시 언급한 '시각화'의 개념인데, 영화 시나리오 작가에게 요구되는 능력과 같다. 영화는 스토리를 영상으로 전달해야 한다. '설명하지 말고 보여주어야 한다'는 영화 시나리오 작법을 공부한다면 기본으로 알게 되는 상식이다. 영화 스토리텔링의 지향점은 '영상'이다. 드라마는 영화와 비슷해 보이지만 영상보다는 대사로 스토리를 전달한다는 점에서 차이가 있다.

게임 스토리텔링의 지향점은 '플레이'다. 스토리를 플레이로 경험하게 하는 것이 핵심이다. 그러나 상당수의 게임 회사가 이 사실을 잊어버린 채 게임을 만들고 있다. 대표적인 예가 〈아키에이지〉다. 이 게임은 우리나라를 대표하는 판타지 소설가 전민희 작가가 참여한다는 소식으로 큰 기대를 받았지만, 기대에 미치지 못했다. 텍스트만 소설 여덟 권 분량이라고 밝혔지만, 게임에서 그 스토리를 경험할수는 없었다. 전민희 작가의 작업은 게임 시나리오가 아닌 소설에 머물렀다. 게임 시나리오 작가라면 기획자만큼은 아니어도 게임 시스템의 기본적인 개념을 알고 있어야 한다. '게임의 스토리만 만드는 사람'은 게임 시나리오 작가가 아니다.

최근 업계에서는 '게임 시나리오 작가' 대신 '게임 시나리오 기획자'라는 표현을 사용하는 추세다. 게임 개발자 채용 사이트 게임잡에 올라오는 채용 공고만 보더라도 '게임 시나리오 기획자'라는 용어를 많이 사용한다. 게임 시나리오 작업이 그 특성상 기획자의 작업

메커니즘과 크게 다르지 않기 때문이다. 게임 개발 과정에서 일정 연기는 대단히 흔한 일이다. 배경이나 캐릭터 제작 계획이 취소되는 일이 빈번하고, 그때마다 스토리나 설정을 수정해야 한다. 게임 시나리오 작가가 하는 일은 이런 문제를 해결하는 것이다. 그러니 기억하자.

'게임 시나리오 작가는 없다.'

그렇지만 여전히 게임 시나리오 작가라는 용어가 일반적으로 사용되고 있으니 이 책에선 그대로 사용하려 한다.

게임 세계관에 대한 오해

많은 사람이 게임 시나리오의 세계관에 대해 착각한다. 이들은 세계관이라고 하면 연대기나 창세신화부터 떠올린다. '태초에 신이 있었다. 어쩌고저쩌고…' 개인적으로 가장 싫어하는 문장이다. 하지만 게임 시나리오 작가 지망생들의 포트폴리오를 보면 이런 문장들이 빠지지 않고 등장하는데, 아무래도 학원의 문제인 것 같다. 게임 시나리오를 가르친다는 학원들의 커리큘럼을 보면 연대기나 창세신화가 어김없이 등장하기 때문이다. '게임의 세계를 창조하는 게임 시나리오 작가'라는 학원 광고 카피에 가장 잘 맞는 형식인 것만은 분명하다. 하지만 나는 이런 포트폴리오에 경기를 일으킬 정도로 싫어한다. 나뿐만 아니라 다른 게임 시나리오 작가들도 선호하지 않는 포트폴리오 형태다.

연대기나 창세신화는 그럴듯해 보이지만 실제 게임 제작에는 큰 도움이 되지 않는다. 실제 게임 제작에 영향을 미치는 건 지역과 세력 설정이다. 캐릭터(몬스터 포함), 스토리, 배경 모두가 지역과 세력 설정을 바탕으로 만들어진다. 물론 정석대로라면 연대기나 창세신화를 만든 다음에 지역과 세력을 설정하는 것이 맞다. 그러나 연대기와 창세신화는 그러기엔 덩치가 클 뿐만 아니라 제대로 활용하기도 쉽지 않다. 공들여 작업한 세계관을 홈페이지에서나 찾아볼 수 있게 되는 건 이 때문이다. 따라서 연대기와 창세신화를 반드시 선행할 필요는 없다. 기본적인 방향성만 잡아놓고 시간 날 때 천천히 작업해도 충분하다.

물론 지금까지 한 얘기에 대해 반론할 수도 있다. 그럼에도 게임 시나리오에서 연대기와 창세신화의 가치(혹은 의미)가 과장된 것은 분명한 사실이다. (아무래도 초창기에 나온 게임 시나리오 작법서의 영향으로 보인다.)

게임 시나리오 작가는
게임 개발자다

게임 회사가 게임 시나리오 작가에게 바라는 것은 단순히 창의적인 스토리가 아니다. 재미있고 창의적인 스토리도 중요하지만, 그보다는 '게임에 맞는 스토리'가 중요하다. 설령 국내에서 〈반지의 제왕〉급의 스토리가 탄생한다고 해도 영화로 만들어질 리는 없다. 제작비라는 제약이 존재하기 때문이다. 하물며 게임은 다른 매체보다 전개할 수 있는 스토리의 폭이 좁은 편이라 제약이 많다. 시장 주류인 모바일 플랫폼의 캐릭터 수집형 RPG는 대사와 전투 위주로 스토리텔링이 이루어진다. 플랫폼, 장르, 게임의 특성이 반영된 결과지만, 게임 시나리오 작가 입장에선 엄청난 제약이다. 재미있는 스토리를 만드는 것 자체는 생각보다 쉽다. 그러나 제약이 있는 상태에서는 이야기가 달라진다.

상용화된 게임의 스토리는 무수히 많은 수정 단계를 거친 결과물이다. 게임 시나리오 작가 입장에서는 처음 생각보다 축소되고 달라져서 본인의 작업물이 마음에 들지 않을 확률이 높다. 하지만 이는 게임 개발 과정에서 충분히 일어날 수 있는 자연스러운(?) 현상이다. 게임을 만드는 작업은 '어차피 수정될 걸 알면서 작업하는 일의 연속'이다. 만약 이런 특수한 환경이나 상황을 받아들이지 못한다면 게임 시나리오 작가로 오랫동안 일하기 어렵다.

　게임 시나리오 작업이 게임을 만들기 위한 과정 중 하나라는 점을 이해해야 한다. 게임 시나리오 자체만으로는 아무런 가치를 갖지 못한다. 물론 스토리는 그 자체로 독립적인 콘텐츠의 성격이 있기에 특별해 보일 수 있다. 그러나 게임 시나리오 작가의 궁극적인 목표는 스토리가 아닌 게임이다. 게임 시나리오 작가는 수많은 게임 개발자[1] 중 하나다.

게임 시나리오 작가는
전망이 밝다?

인터넷 검색을 통해 찾아볼 수 있는 게임 시나리오 작가에 대한 정보는 잘못된 내용투성이다. 그 출처는 대부분 국비 지원 게임 학원이다. '국비 지원'이라는 말에서도 알 수 있듯이 이들 학원의 수강 비용은 국가에서 지불한다. 수강생 입장에선 금전적인 부담이 없기에

---

[1]　개발자라 하면 프로그래머만 생각하는 사람이 많다. 그러나 게임을 만드는 데 관여하고 있다면 누구나 기본적으로 '게임 개발자'다. 프로그래머는 게임 제작의 한 파트를 담당하고 있을 뿐이다.

학원을 선택하는 데 고민이 적다. 이들은 게임 업계에 대한 정보도 부족한데, 학원들은 이런 점을 악용하여 마케팅에만 열을 올린다. 학원은 게임 시나리오 작가의 전망이 마냥 밝고 게임 시나리오 작가가 대단히 창조적인 일을 하는 것처럼 말한다. 현실이 그들의 말과 같다면 좋겠지만 전혀 그렇지 않다. 언젠가 상상력만 있으면 게임 시나리오 작가가 될 수 있다는 글도 본 적 있다. 말도 안 되는 얘기다.

이 대목에서는 게임 시나리오 작가라는 직업의 현실을 이야기하려 한다.

현실1. 적은 일자리

일단 TO가 적다. 하나의 게임을 만든다면, 게임 시나리오 작가도 한 명이다. 규모가 큰 게임이라도 메인 작가는 한 명일 확률이 높다.

TO가 적은 이유는 게임 개발의 특성 때문이다. 게임 개발비의 대부분은 인건비로 사용된다. 제작비가 100억이 들었다면 그만큼 많은 인원이 오랫동안 게임을 개발했다는 의미다. 따라서 회사 입장에서 개발비를 아끼는 가장 좋은 방법은 가능한 적은 인원으로 빠르게 개발하는 것이다. '개발비=인건비'이기 때문에 작업자 고용이 곧 비용문제로 연결된다. 회사 입장에서는 게임 시나리오 작가를 가능한 한 늦게 고용할수록 비용을 줄일 수 있다. 원론적으로 게임 개발에서 시나리오는 필수 파트지만, 온라인 게임이 대부분인 국내에선 그렇지 않다. 게임 개발이 어느 정도 진행된 시점에서 시나리오 작가가 합류해도 크게 문제되지 않는다.

게임 시나리오 작가는 작업 특성상 일이 특정 시기에 몰리는데, 대체로 그 시기가 지나면 일거리가 줄어든다. 게임에 따라 차이가 있긴 하지만, 일거리가 계속 있는 게 아니라면 게임 시나리오 작가는 계륵이 된다. 시나리오 작업이 필요하지만 그렇다고 작업자를 고용하기는 애매해지는 상황이 발생하는 것이다. 게임 시나리오 작가의 계약직 비율이 다른 파트에 비해 높은 것도 이 때문이다.

현실2. 낮은 연봉

게임 시나리오 작가의 연봉은 게임 업계에서도 낮은 편에 속한다. 업계 평균을 이야기하는 것이며, 모든 게임 시나리오 작가의 대우가 좋지 않다는 의미는 아니다. 그러나 게임 개발의 필수 파트임에도 그만큼의 대우를 받지 못하고 있는 것이 현실이다. 여기에는 몇 가지 이유가 있다.

먼저 게임 시나리오 작업을 쉽게 여기는 분위기가 있다. 이는 게임 기획자 지망생이 많은 이유와도 상통한다. 많은 사람이 아트와 프로그램은 전문적인 기술이라고 생각하면서, 게임 기획은 상대적으로 쉽게 본다. 게임 기획자가 주로 하는 일이 문서 작업이기 때문이다. 형식보다 내용이 중요하다고는 하지만, 문서 작업 자체는 누구나 할 수 있기에 기획 업무를 쉽게 보는 경향이 있다.

게임 시나리오 작가도 주로 문서 작업을 하기 때문에 일이 쉬울 것이라 생각한다. 예전엔 게임 시나리오 작업비를 작성한 문서의 장 수로 지급하겠다는 회사도 있었다. 텍스트의 가치를 내용이 아닌 양으로 평가하려는 발상만으로도 어이없었는데, 제시한 금액은 더 황당한 수준이었다.

게임 시나리오가 스토리라는 것도 이유의 하나다. 스토리를 많이 접하기 때문에 자신은 스토리를 잘 안다고 생각하는 사람이 많다. 그래서 분명히 전문적인 기술임에도 스토리 작법은 좀처럼 인정받지 못한다. 아트 작업이나 프로그래밍은 못 해도 스토리에 대해서는 누구나 한마디는 할 수 있기 때문이다.

가장 유명한 스토리 작법서인 『Story: 시나리오 어떻게 쓸 것인가』의 저자인 로버트 맥키는 또 다른 저서 『스토리노믹스』에서 이렇게 말했다.

> "평생 스토리를 보고 들었으니 하나쯤 만들어내기는 어렵지 않을 것이라 짐작하는 이들도 많다. 그러나 그것은 연주회에 다녀봤으니 작곡할 수 있다는 태도나 다름없다."[2]

---

2 로버트 맥키·토머스 제라스, 이승민 옮김, 『스토리노믹스: 유튜브 시대, 스토리 마케팅으로 수익을 창출하라』, 민음인, 2020, 54쪽.

하지만 안타깝게도 업계에는 이런 생각을 가진 이들이 적지 않다. 쉬워 보이는 일을 하는 사람에게는 높은 연봉을 주지 않는다. 만약 게임 시나리오 작업에 사용하는 툴이 존재하고 다루기 어려웠다면 지금보다는 더 인정받지 않았을까 싶다.

여러 이유들에 미루어 볼 때, '게임에서는 스토리가 중요한데, 게임 시장이 커졌으니 게임 시나리오 작가의 수요가 많을 것이다'라는 전망은 인터넷에 떠도는 상상에 불과하다. 자신이 좋아하는 일을 업으로 삼는다는 것은 엄청난 축복이다. 그래서 '덕업일치'라는 말도 있지만, 일이 되는 순간 그게 무엇이 되었건 무게감이 달라진다. 그 무게감을 생각하지 않고서 단순히 '내가 관심 있는 일을 하고 싶다' 정도의 가벼운 마음으로 게임 시나리오 작가가 되려고 하는 것은 위험하다. 언제나 그렇듯 이상과 현실은 다르다.

게임 시나리오 작가에 관한 잘못된 생각들을 반박하려다 보니 다소 부정적인 면이 부각되었다. 그러나 게임 시나리오 작가가 미래에 유망한 직업이라는 사실은 변함이 없다. 그와 관련된 내용은 마지막 장에서 설명할 예정이니 1장에선 게임 시나리오 작가의 실제 모습이 어떤지 정도만 알아두자.

제2장

게임
시나리오
작가의
기술

앞서 게임 시나리오 작가는 단순히 게임의 스토리를 작성하는 사람이 아니라는 점을 강조했다. 게임 시나리오 작가로서 제대로 일하려면 몇 가지 기술이 필요하다. 이 장에서는 그러한 기술들을 하나하나 나열하며 설명하고자 한다.

스토리 창작 능력

게임 시나리오 작가는 기본적으로 스토리 창작자이므로 창의적이고 재미있는 스토리를 만들 수 있어야 한다. 이는 게임 시나리오 작가가 갖춰야 할 첫 번째 역량이다. 일부에선 스토리를 만들어내는 것은 타고난 재능을 가진 이들만 할 수 있는 일이라고 생각하는 경향이 있는데, 전혀 그렇지 않다. 스토리 작법은 생각만큼 어렵지 않다. 스토리 작법을 배우지 않은 창작자도 많다. 어차피 게임은 대단한 예술 작품을 만드는 것이 아니다. 장르에 따라 높은 수준의 스토리 창작 능력을 요구하기도 하지만, 그런 게임은 생각보다 많지 않다.

시각화 능력

게임 시나리오 작가라면 반드시 시각화 능력을 갖춰야 한다. 지망생이나 초보 게임 시나리오 작가가 흔히 저지르는 실수는 스토리가 게임에서 어떻게 구현될지를 생각하지 않는다는 것이다. 보통은 소설이나 영화에서 봐왔던 대단한 스토리를 게임 시나리오로 착각한다. 이들의 작업물을 게임으로 구현하려고 하면 난감해진다. 보통은 사건 없이 설정으로 가득 차 있는 소설에 가까울 확률이 높다.

시각화의 개념을 다양하게 해석할 수 있지만, '구체적인 사건을 통해 스토리를 전달하는 것'으로 이해하면 충분하다. 쉽게 말해 대사보다는 행동이 좋다는 의미다. 소설보다 영화가 게임에 가까운 이유는 영화 역시 시각화를 강조하기 때문이다.

게임의 스토리는 사건 위주로 이루어져야 한다. 게임에서 가장 많이 사용하는 사건은 적과 싸워서 갈등을 해결하는 것이며, 이를 '전투'라는 플레이로 구체화한다. 재미있는 스토리를 만들기는 쉽지만, 게임으로 구현할 수 있는 재미있는 스토리를 만드는 것은 어렵다. 제약은 작업의 난도를 높인다.

만약 게임 시나리오를 시각화하기 힘들다면 게임 시스템에 맞게 스토리를 수정해야 한다. 문제는 이 작업을 게임 시나리오 작가 본인이 아닌 다른 기획자가 하게 된다는 점이다. 이 과정에서 시간과 노력이 낭비될 뿐만 아니라 작업자들 사이의 감정 소모도 발생할 수 있다. 따라서 스토리 창작과 시각화가 동시에 이루어지는 것이 가장 이상적이다.

이때 중요한 것은 영상으로 시각화하는 것이 아니라 게임의 시스템으로 시각화해야 한다는 것이다. 게임 시스템은 게임의 문법이다. 따라서 시각화 능력을 갖추었다는 것은 게임의 문법을 안다는 뜻이기도 하다. 게임 시나리오 작가라면 자신이 만들고 있는 게임의 시스템이 무엇인지, 각각의 게임 시스템이 어떤 원리로 작동하는지에 대해 정확히 알고 있어야 한다. 작가가 만든 스토리가 게임 시스템으로 구현될 수 있다면 그 자체로 시각화가 이루어졌다고 볼 수 있다.

소설가와 게임 시나리오 작가를 구분하는 역량도 시각화다. 소설가가 참여한 게임 시나리오 작업의 성과가 기대에 못 미치는 것은 시각화 능력이 부족하기 때문이다. 시각화는 게임 시나리오 작가의 핵심 역량임에도 그동안 그 중요성이 부각되지 않아서 아쉬웠는데, 이 책을 통해 강조하고 싶다. 시각화는 게임 시나리오 작가뿐 아니라 스토리 창작자라면 누구에게나 대단히 중요한 능력이다. 최근 웹소설의 웹툰화가 콘텐츠 제작의 중요한 흐름 중 하나로 여겨지고 있는데, 이때 필요한 능력도 시각화다.

문제 해결 능력

대부분의 게임 시나리오 작가는 게임이 어느 정도 개발된 상태에서 참여하게 된다. 이런 경우 세계관과 스토리가 결정되어 있을 뿐만 아니라 캐릭터와 몬스터 역시 제작되어 있을 확률이 높다. 이때 게임 시나리오 작가는 새롭고 재미있는 스토리를 만드는 것이 아니라 기존의 것을 그대로 활용하면서 스토리가 말이 되게 해야 한다. 기존의 세계관, 스토리, 캐릭터, 몬스터가 창작의 제약이 된다. 제약이 확실한 상태에서 개연성 있는 스토리를 만드는 것이 게임 시나리오 작가의 업무다.

게임 시나리오 작업을 하면서 가장 곤혹스러운 상황은 여러 이유로 캐릭터나 배경의 제작 계획이 취소되는 것이다. '나는 다 계획이 있음'에도 계획대로 하지 못하는 상황이 발생한다. 이런 경우 스토리나 설정이 어긋나고 튀게 되기 마련이어서 최대한 덜 어색하고 자연스럽게 느껴지도록 수정해야 한다. 게임을 만들다 보면 이런 식의 문제가 끊임없이 주어지는데, 완벽하진 않더라도 적절하게 해결할 수 있어야 한다. 문제 해결 능력은 앞서 설명한 시각화만큼이나 게임 시나리오 작가에게 중요한 핵심 역량이다.

게임 시나리오를 중간에 수정하는 일은 경력자에게도 부담스러운 작업이다. '끝이 끝이 아닐 수도 있다'는 생각이 주는 심리적인 타격은 상당해서 처음과 같은 노력을 들이기가 어려워진다. 시계를 움직이게 하는 수많은 부품 중에서 하나만 고장 나도 시계는 제대로 작동하지 않는다. 스토리도 마찬가지다. 완성된 스토리는 정교한 메커니즘으로 구성되어 있다. 그렇기에 삭제되는 캐릭터나 배경이 얼핏 별것 아닌 듯 보여도 이를 수습하는 일은 큰 작업이 된다. 게임 시나리오에서 종종 설정상 오류가 생기는 이유이기도 하다.

시각화 능력은 실무 경험 없이도 향상시킬 수 있지만, 문제 해결 능력은 직접 게임을 만들면서 경험하지 않는다면 향상하기 어렵다. 주니어와 시니어의 가장 큰 차이도 문제 해결 능력이라 할 수 있다. 그나마 다행인 점은 문제 해결 능력은 일만 열심히 하면 일정 수준까지는 도달할 수 있다는 것이다.

통찰력 = 분석력

게임 시나리오 작업에서 가장 먼저 해야 하는 일은 게임 분석이다. 분석은 현상이 아닌 본질에 대한 질문에 답하는 것이다. 온라인 모바일 RPG는 현상이지만, 온라인 게임으로 만든 이유는 그 게임의 본질일 수 있다. 작업하면서 '왜?'라는 질문을 계속해야 한다. 이런 질문을 통해서 게임을 분석해나간다면 작업은 훨씬 쉬워진다. 분석을 잘하는 사람은 통찰력 역시 뛰어나다. 많은 게임 시나리오 작가가 새로운 플랫폼과 장르의 작업을 어려워하는 근본적인 원인은 통찰력 부족에 있다.

영화 시나리오를 생각하면 이해하기 쉽다. 영화 시나리오의 형식은 일정하다. 사용자에 따라 약간의 차이는 있지만, 기본적인 형식 내에서 변형되는 정도다. 장르가 다르다고 해서 형식이 달라지지도 않는다. 반면 게임은 플랫폼, 온라인 여부, 세계관, 게임 시스템 등 차이를 만들어내는 요소가 많다. 똑같은 모바일 RPG도 싱글 플레이어 게임인지 온라인 게임인지에 따라 추구하는 스토리텔링의 방향성이 완전히 달라진다. 미세한 차이로 인해 달라지는 것들이 생각보다 많은데, 그 차이를 아느냐 모르냐에 따라 결과물의 차이는 커진다.

통찰력은 다르게 말해 '뭐가 중요한지 아는 능력'이다. 게임 시나리오 작가들이 어려워하는 작업 중 하나가 기존 스토리를 수정하는 일이다. 스토리 외에도 지금까지 만들어진 리소스와 앞으로 만들어질 리소스, 향후 업데이트의 방향성까지 고려해야 하므로 절대 쉬운 일이 아니다. 결국 기존 작업물에서 남겨두어야 할 것과 수정할 것을 판단하는 일이 중요한데, 통찰력이 뛰어날수록 그 판단을 잘한다. 그래서 수정 작업 후 결과물의 퀄리티는 대체로 통찰력에 비례하는 편이다.

라이브 서비스 중인 게임의 시나리오 작업을 하게 된다면 자신의 통찰력 수준을 한 번에 확인힐 수 있을 섯이다. 보통은 좌절을 경험한다.

글쓰기 능력

게임 시나리오 작가가 쓰는 글은 크게 두 가지로 구분할 수 있다.

첫 번째는 협업을 위한 글이다. 어떤 캐릭터를 만든다고 가정해보자. 게임 시나리오 작가가 캐릭터 설정을 문서로 작성하면, 원화가는 그 문서를 바탕으로 원화 작업을 한다. 이때 만약 문서가 명확하지 않다면 게임 시나리오 작가의 생각과는 전혀 다른 결과물이 나올 수 있다. 따라서 이때 쓰는 글은 다른 해석의 여지가 없도록 명확해야 한다. 짧으면 짧을수록 좋다. 화려한 미사여구가 들어간 감성적인 글보다는 의도하는 바를 잘 전달할 수 있는 글이 협업하기에 더 좋다.

두 번째는 게임에 직접 출력되는 글이다. 대사가 가장 대표적이며, 오프닝에 세계관을 요약해서 보여주는 것도 여기에 포함된다. 이때는 내용 못지않게 가독성이 중요하다. 텍스트는 적으면 적을수록 좋으며, 이해하기 쉬워야 한다. 오프닝에서 설명한 세계관이 제대로 그려지지 않는다면 설정이 잘못된 것일 수도 있지만, 글쓰기 능력의 문제일 가능성도 있다. 같은 내용도 어떻게 쓰는가에 따라 전달력이 확연히 달라진다.

내가 귀찮음을 무릅쓰고 반드시 하는 작업이 있다. 텍스트가 실제 게임에서 출력되는 모습을 확인하고 수정하는 일이다. 장문은 단문으로 고치고, 글이 애매하게 시작되거나 화면에서 잘린다면 다시 쓴다. 이런 과정을 거듭할수록 가독성은 좋아진다. 대사도 두 문장을 넘기지 않으려 하는데, 이것 역시 가독성 때문이다. 세 문장부터는 한눈에 들어오지 않는다.

하버드 대학의 로빈 워드 박사는 글쓰기에 관해 연구한 적이 있다. 1977년 이후 하버드를 졸업하고 40대에 접어든 졸업생 1,600명에게 '당신의 현재 일에서 가장 중요한 능력이 무엇입니까?'라고 질문했는데, 졸업생의 90퍼센트가 '글쓰기'라고 답했다. '앞으로 더 많이 노력해야 할 것은 무엇입니까?'라는 질문에도 '글을 잘 쓰기 위한 노력'이 다른 대답의 세 배 가까이 나왔다고 한다.

수많은 경영의 대가들도 글쓰기의 중요성을 강조한다. 『12가지

인생의 법칙』으로 유명한 조던 피터슨은 누군가에게 제공해줄 수 있는 가장 강력한 무기가 '명료한 글쓰기'라고 했다. 대학교에서 이것 한 가지만 배우면 된다고까지 했다.

글쓰기 능력은 게임 회사뿐만 아니라 '회사'라면 어디서나 당연히 요구하는 능력이다. 게임 시나리오 작가만큼 글 쓸 일이 많지는 않다 해도 필수 능력임은 분명하다. 우리가 하는 커뮤니케이션은 대부분 대화나 글로 이루어진다. 글을 잘 쓰는 사람이 말도 논리적으로 잘한다.

대사 작성 능력

게임 스토리텔링의 이상적인 형태는 '플레이를 통해 스토리를 전달하는 것'이다. 그러나 플레이를 위해 필요한 시스템이나 아트 리소스를 구현하려면 비용이 든다. 회사 입장에선 수익과 직접적으로 연결되지 않는 (듯한) 스토리에 비용을 투자하기가 부담스럽다. 그래서 대부분은 이런 상황에서 가장 비용이 저렴한 '텍스트'를 선택한다. 대사 위주의 스토리텔링이 일반화되는 것은 어쩌면 당연한 흐름이다. 플레이 중심의 스토리텔링을 추구하더라도 대사를 아예 사용하지 않는 것은 아니어서 대사 작성은 게임 시나리오 작가가 주로 하는 작업 중 하나다.

스토리 작법은 기술의 영역이지만, 대사 작성 능력은 재능이나 타고난 기질(혹은 성향)에 따라 차이가 난다. 이런 이유로 여성향 게임의 대사는 여성 작가가 작업하기 유리한 측면이 있다. 로맨스 웹소설 작가의 성별이 대부분 여자인 것도 이 때문이다.

여성향 게임일수록 비주얼 노벨류인 경우가 많다. 그중 하나인 〈수상한 메신저〉는 대사 자체가 콘텐츠가 되는 극단적인 형태의 대사 게임이다. 만약 같은 장르의 게임을 만든다면 게임 시나리오 작가에게 우선적으로 요구되는 역량은 대사 작성 능력이 될 것이다. 이 경우 앞서 강조한 시각화나 문제 해결 능력이 떨어져도 크게 문제되지 않는다. 장르명에서부터 알 수 있듯이 비주얼 노벨류 게임은 소설에 가깝기 때문이다.

작명 능력

게임에 등장하는 모든 것에는 이름이 있다. 설사 게임에는 이름이 나오지 않는다 해도 제작하는 과정에선 이름이 필요하다. 그래서 작명(업계에선 네이밍 작업이라고 한다)은 게임 시나리오 작가가 의외로 많이 하는 작업 중 하나다. 캐릭터(몬스터 포함), 아이템, 지역 이름 외에도 자잘하게 이름 지을 일이 많다.

좋은 이름과 나쁜 이류에 대한 평가는 취향에 따라 다르다. 그래서 이름에 대한 피드백을 받으면 난감해진다. 이름이 어울리지 않는다고 하지만, 주장에 대한 근거는 없다. 그냥 그 사람이 그렇게 느꼈을 뿐이다.

유토피아는 그리스어의 두 단어 '없는(ou-)'과 '장소(toppos)'를 결합하여 만든 용어다. 해석하면 '이상적인 장소는 없다'는 뜻이다. 나 역시 이런 식으로 이름을 지을 때가 많다. 이름 붙일 대상의 특성을 정리하고, 여러 언어에서 그 특성과 관련된 단어들을 찾아 직접 발음하며 변형해간다. 그러다 보면 어느 순간 입에 달라붙는 이름이 나타난다.

지금까지 이름 짓는 데 가장 오랜 시간이 걸렸던 건 〈블레이드 앤 소울〉 침묵의 해적선의 최종 보스였다. 몽골에선 왕을 '칸'이라 부른다. 의미도 의미지만 발음이 강한 편이어서 나는 그 캐릭터의 이름 끝 글자를 '칸'으로 정해버렸다. 그다음 이틀 정도 더 고민한 뒤 나온 이름이 '타이칸'이었다. (포르쉐에서 나온 전기차 이름도 타이칸이다.)

언젠가 몬스터 네이밍 작업을 하다 문서가 날아간 적이 있었다. 몇 시간을 허비했다는 생각에 멘탈이 나갔다. 마침 처리해야 할 더 중요한 일이 있어서 작업을 미뤘다. 며칠이 지난 다음에야 원래 하려던 몬스터 네이밍 작업을 마무리 지을 수 있었다. 그러다 날아간 줄 알았던 파일이 저장되어 있는 것을 발견했다. 짜증 난 상태에서 두 작업물을 비교해보았다. 신기하게도 유사성이 존재했다. 처음 작업할 때의 기억이 남아 있었기 때문일지도 모르겠지만, 나에게 나도 모르던 이름 짓는 원칙이 있음을 알게 되었다. 그 원칙을 정리하면 아래와 같다.

1. 기억하기 쉬워야 한다. (쓸데없이 멋 부리지 않는다.)
2. 특성을 반영하도록 한다. (최소한의 의미를 내포한다.)
3. 입에 달라붙어야 한다. (발음해보면 감각적으로 알 수 있다.)
4. 헷갈리지 않아야 한다. (다른 것과 구분되어야 한다.)

이 중 가장 중요한 것은 당연히 네 번째 원칙이다. (의도가 있는 게 아니라면) 같은 지역에 이름이 비슷한 캐릭터가 등장해서는 안 된다. 그래서 마이클과 마이콜은 함께할 수 없는 운명이다.

대상에게 큰 특징이 없을 경우 이름 짓는 일은 곤욕스러워진다. 게임을 개발하다 보면 어쩔 수 없이 기존에 만들어진 리소스를 재

활용하는 일이 많이 발생한다. 특히 MMORPG에서는 색과 이름만 다른 몬스터가 많이 등장한다. 게이머들은 싫어하지만, 비용 대비 효율성이 높은 방법이 몬스터 베리에이션[3]이다. 색만 달라진 몬스터들에 각자 다른 이름을 붙이는 건 재미가 없을 뿐 아니라 생각보다 훨씬 어렵다. 색이라도 다르면 그나마 다행이다. 외형이 같은데 레벨만 다른 경우도 있다. 이럴 때는 '광폭한' 같은 흔한 수식어를 붙여서 구분하는 것 외에 방법이 없다. 미리 수식어 체계를 만들어두었다면 이럴 때 대응하기 쉬워진다.

커뮤니케이션 능력

게임 시나리오 작업은 개인 작업이 아니다. 게임 개발의 그 어떤 과정도 독립적이지 않다. 특히 게임 시나리오 파트는 다양한 분야에 걸쳐 있어서 협업이 필수일 뿐 아니라 그 비중도 높다. 회의나 대화를 통해 결정해야 하는 사항이 많은데, 사람마다 생각이 달라서 논쟁이

---

3   몬스터의 기본형을 바탕으로 색, 파츠, 무기 등을 변형하여 종을 늘리는 것을 말한다. 리소스 활용도를 높이기 위한 대표적인 방법이다.

반드시 따른다. 이때 중요한 것이 게임 시나리오 작가의 커뮤니케이션 능력이다.

커뮤니케이션 능력이라고 하면 다소 모호하게 느껴진다. 우리는 종종 논쟁을 일으키지 않는다는 점에서 예스맨을 커뮤니케이션 능력이 뛰어난 사람으로 착각하기도 한다. 하지만 게임 시나리오 작가가 예스맨이 된다면 방향성을 잃기 쉽다. 그렇다고 자신의 생각만 고집한다면 독단적으로 보일 수 있다. 결국 때에 따라 독재자가 되거나 예스맨이 되는 것이 게임 시나리오 작가의 커뮤니케이션이다. 어려운 문제다.

입시 시절 미술 학원에서 소묘를 가르쳐주신 선생님은 누군가 자기 그림에 대해 뭐라고 하면 찢어버렸다고 했다. 강한 자신감의 표현일 수도 있지만, 그때 나는 '뭐, 이런 또라이가 있나'라고 생각했다. 아이러니하지만 일을 시작하면서 내가 그런 또라이 짓을 하고 있다는 걸 알게 되었다. 작업물에 대해 부정적인 피드백을 받을 때면 날을 세웠고 커뮤니케이션 능력이 떨어진다는 평가를 받았다. 나 말고도 많은 작업자(특히 게임 시나리오 작가)가 자신과 자신의 작업물을 동일시하는 경향이 있다. 작업물에 대한 부정적인 피드백을 자신에 대한 공격으로 받아들인다.

게임 개발 파트 중에서도 게임 시나리오와 아트 파트 작업자들이 이런 성향이 강하다. 일반화할 수는 없지만, 다른 파트에서 커뮤니케이션하기 어렵다고 고충을 토로할 확률이 높은 사람들이다. 창작자라면 어느 정도의 주관은 필요하다. 다만 현명하게 대처해야 한다. 피드백하는 작업자가 게임 시나리오 작가보다 스토리 작법에 대해 잘 알고 있을 확률은 낮다. 그러나 게임에 대해서는 더 잘 알고 있을 수도 있고 그들의 관점이 곧 게이머의 관점일 수 있기 때문에 현명하게 받아들인다면 작업물의 완성도를 높이는 데 도움이 된다.

자신의 작업물에 대한 과한 집착도 버릴 필요가 있다. 게임과 게임 스토리의 관계는 특수하다. 스토리 자체가 목적이 되는 다른 콘텐츠와 달리 게임의 스토리는 수단이 된다. 스토리는 재미있는 게임을 만들기 위한 여러 도구 중 하나다. 중요한 것은 스토리가 아니라 게임이다. 게임을 우선하다 보면 스토리가 희생될 수 있는데, 그 부분도 이해해야 한다. '왼손은 거들 뿐'이라는 말이 있다. 〈슬램덩크〉의 강백호가 미들슛을 성공시킨 후 하는 유명한 대사다. 슛을 성공시킨 손은 분명 오른손이기에, 더 중요한 손은 오른손이라 할 수 있다. 게임은 오른손, 스토리는 왼손에 해당한다. 스토리는 게임을 거드는 존재다. 주인공이 아닌, 분명한 조연이다. (물론 게임 시나리오가 주인공이 되는 게임도 존재한다.)

작업하다 알게 된 사실 중 하나는 사람들이 생각보다 사소한 이유로 논쟁한다는 것이었다. 격렬한 논쟁 끝에 내린 결정인데 정작 게임에 미치는 영향은 미미한 경우가 많았다. 결과만 놓고 본다면 굳이 논쟁 과정에서 감정 상할 필요가 없었다. 지금은 요령이 생겨서 큰 맥락에서의 방향성에 영향을 미치지 않는다면 웬만해선 상대방의 의견을 받아들이는 편이다. 게임은 무수히 많은 요소의 결합이지만, 모든 요소가 중요한 것은 아니기 때문이다. 강약조절이 필요하다.

재미있는 사실은 사람들이 생각보다 논리적이지 않다는 것이다. 내가 좋아하는 사람이 낸 의견에는 동조하지만 내가 싫어하는 사람이 낸 의견은 반대한다. 의견의 내용보다는 누가 그 의견을 냈느냐가 더 중요하다.

결정적으로 스토리에 대한 평가는 주관적인 경우가 많아서 취향이 많이 반영된다. 사람마다 좋아하는 색이 다른 것과 같다. 조선 시대 예송 논쟁과 마찬가지로 정답이 없다. 취향을 주장하는 사람이 있다면 그것이 취향이라는 사실을 인지시키면서 불필요한 논쟁을 피하는 것이 좋다.

마인드 컨트롤 = 멘탈 에너지 관리

만화, 소설, 웹툰, 웹소설처럼 혼자 힘으로 콘텐츠를 만들어낼 수 있는 매체라면 창작자 마음대로 만들어도 된다. 창작자가 창작물의 주인이기 때문이다. 그러나 게임 시나리오 작가의 경우, 창작물은 회사에 귀속된다. 게임 시나리오 작가가 월급을 받는 이유는 창작물의 모든 권리를 회사에 넘기기로 계약했기 때문이다. 부당하다고 생각할 수 있겠지만, 스토리 창작을 하면서 월급까지 받을 수 있는 직업은 (정규직은 특히) 드물다. 저작권을 포기하고 얻는 대가로 봐야 한다. 내가 만들지만 완전한 내 것은 아니기에 창작 과정에서 즐거움을 느끼지 못한다면 동기부여가 떨어질 수 있다. 게임 시나리오 작가로 일한다면 이런 특수성을 받아들일 수 있어야 한다.

1인 개발이 아닌 이상 게임을 만드는 모든 과정은 협업을 기본으로 한다. 협업, 의미는 정말 좋지만 그 자체로 스트레스의 원친이 되기도 한다. 앞서 커뮤니케이션 능력을 따로 언급한 것도 이 때문이다. 성향상 개인 작업이 편한 사람이 있다. 이런 사람은 커뮤니케이션 능력이 정말 뛰어난 작업자와 일하더라도 스트레스를 받는다. 창작자가 창작의 통제권을 온전히 가지지 못하는 것은 게임 시나리오 작가의 숙명이다.

전체적인 맥락을 고려해서 작업했는데, 자꾸 부분적인 피드백이 들어오면 대응하기가 쉽지 않다. 결정권자의 의견을 반영하는 것은 어렵지 않지만, 수정하면 나중에 또 다른 문제가 생길 수 있다. 이 과정에서 분쟁까지 잦아진다면 멘탈이 흔들리게 된다. 일한다는 건 기본적으로 대단한 멘탈 에너지[4]를 소모하는 일이다. 창의적인 일을 하면서 협업까지 해야 한다면 소모되는 정도는 더욱 심하다. 멘탈 에너지가 바닥난다면 사소한 일로도 스트레스를 받게 된다.

　내가 멘탈 에너지를 회복하는 방법은 게임이다. 아이러니하게도 게임을 만들면서 받은 스트레스를 게임으로 풀었다. 일하면서 가장 바빴던 시기는 〈블레이드 앤 소울〉에서 메인 퀘스트를 담당할 때였는데, 이때에도 잠자는 시간을 줄여서 게임을 하곤 했다. 많은 집중력을 필요로 하는 게임은 오히려 좋지 않았다. 생각 없이 할 수 있는 게임을 하다 보면 어느 순간 정신이 맑아지고 멘탈 에너지가 채워지곤 했다.

　멘탈 에너지는 게임에서 흔히 사용되는 아이템 내구도라는 개념과 유사하다. 내구도를 계속 관리해주지 않으면, 정작 그 아이템이 필요할 때 사용할 수 없게 된다. 집중력이 떨어진 상태에서 열 시간 작업하는 것보다 집중력이 좋을 때 한 시간 작업하는 게 낫다. 지역 설정의 방향성을 정한다고 할 때, 어떤 지역은 한 시간 만에 끝나기도 하지만 어떤 지역은 일주일 넘게 걸리기도 한다. 게임 시나리오

4　　　이 책에서 말하는 멘탈 에너지는 흔히 말하는 멘탈을 수량화한 개념이다. 정상적인 사고를 하기 위한 정신력이라 할 수 있는데, 게임의 MP(magic point)와 유사하다. 마법을 사용하면 MP가 줄어드는 것처럼 지식 노동을 하면 줄어든다.

작업은 일이 잘될 때와 안 될 때의 편차가 대단히 크다. 그렇기 때문에 자신에게 잘 맞는 멘탈 에너지 회복법을 찾을 필요가 있다.

제3장

게임
시나리오
창작에 대한
생각

콘텐츠를 바라보는 관점

게임의 본질은 '경험'이다. 물론 게임의 본질에 대한 정의는 사람마다 다를 수 있다. 일부에선 "게임은 재미있어야 한다"는 말을 진리처럼 떠들지만, '재미'는 게임의 경험을 통해 줄 수 있는 요소 중 하나일 뿐이다. 내가 게임의 본질이 경험이라고 생각하는 이유는, 게임이 아닌 다른 콘텐츠 역시 '경험'이라는 키워드로 설명할 수 있기 때문이다. 게임 외의 콘텐츠로는 소설(웹소설), 만화(웹툰), 연극(뮤지컬), 드라마, 영화 등이 있다.

게임과 예로 든 콘텐츠들의 공통점은 스토리를 기반으로 한다는 점이다. 우리는 소설이나 영화의 세계를 간접 경험하는데, 그때 사용하는 도구가 바로 스토리다. 그렇다면 직접 경험하는 콘텐츠도 존재할까? VR/AR 게임이 여기에 해당한다. 대표적인 예가 〈포켓몬 고〉다. 게이머들은 포켓몬을 포획하기 위해 현실 공간을 직접 뛰어다닌다. VR 게임은 엄밀히 따진다면 간접 경험이지만, 우리는 직접 경험했다고 느낀다는 점에서 직접 경험으로 봐도 무방하다.

중요한 것은 이런 경험을 통해 우리가 궁극적으로 원하는 것은 '몰입'이라는 점이다. 극장에서 영화를 본다고 가정해보자. 극장이라는 공간은 '영화'라는 콘텐츠에 몰입하도록 하기 위해 만들어졌다.

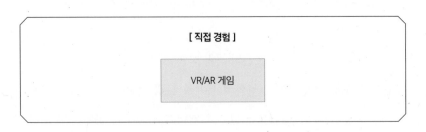

[그림4]
경험을 기준으로 분류한 콘텐츠

제3장 게임 시나리오 창작에 대한 생각

커다란 화면, 뛰어난 사운드 품질, 시야를 방해하지 않는 좌석, 화면에 집중할 수 있도록 불을 끈 어두운 공간… 이 모든 것들이 영화에 몰입하도록 하기 위한 도구이자 장치들이다. 영화의 힘은 극장에서 나온다. 극장에서 본 영화와 TV로 본 영화의 경험은 다르다. 일부 영화제에서 넷플릭스 영화[5]를 포함하지 않는 것도 이 때문이다.

콘텐츠를 만드는 입장에서 생각해야 할 키워드 역시 '몰입'이다. 콘텐츠 소비자에게 '어떤 경험을 줄 것인지' 고민해야 한다. 그 경험을 통해 콘텐츠에 완전히 빠져들게 해야 한다. 극장에서 영화를 볼 때 간혹 너무 집중한 나머지 극장에 있다는 생각마저 들지 않는 상태를 경험한 적이 있을지 모르겠다. 콘텐츠를 만든다면 그런 경험을 하게 해주어야 한다.

그런 관점에서 본다면 게임은 아주 강력한 콘텐츠다. 기존 콘텐츠와 같은 간접 경험임에도 '상호작용(interaction)'이라는 무기로 다른 매체와는 다른 경험을 만들어냈다. 급기야 게임에 중독되는 사람마저 생겨났다. 앞에 언급한 콘텐츠들 중에서 '중독'이라는 용어를 붙일 수 있는 건 오직 게임뿐이다.

---

5   개인적으로 넷플릭스 영화는 짧은 드라마에 가깝다고 생각한다. 화면 크기가 달라지면 그에 따라 샷 구성도 달라져야 하기 때문이다. 영화적인 샷은 미장센이 돋보이는 풀샷인데, 풀샷은 TV나 PC 화면에서는 극장에서와 같은 효과를 주지 못한다. 드라마적인 샷은 배우가 대화를 주고받는 모습 등을 보여주는 미디엄샷이다.

게임은 궁극의 콘텐츠다. 시간이 아무리 지난다고 한들 게임을 넘어서는 콘텐츠는 나오지 않을 것이다. 자신 있게 주장하는 이유는 VR/AR이라는 미래의 플랫폼과 가장 궁합이 잘 맞는 게 게임이기 때문이다. VR/AR의 가능성을 알아본 콘텐츠 창작자들은 VR 드라마, VR 영화, VR 애니메이션, VR 툰과 같은 다양한 시도를 하고 있다. VR 애니메이션을 예로 든다면, 시청자가 바라보는 곳에 어떤 변화가 있는 것처럼 하는 상호작용 요소를 많이 활용하고 있다. VR이라는 플랫폼에서 몰입감을 높이기 위해 당연한(아니면 어쩔 수 없는) 선택이었을 것이다. 결과적으로 VR 애니메이션이라고 만들어진 콘텐츠의 상당수가 애니메이션보다는 게임에 가까운 모습을 보인다. 시작이 드라마, 영화, 애니메이션이었더라도 결국 상호작용 요소를 제외하고는 VR 콘텐츠를 만들기 어렵다. 결론적으로 VR을 가장 잘 살릴 수 있는 매체는 게임이며, 성과 역시 가장 좋은 편이다. AR이라는 기술을 효과적으로 활용한 것도 〈포켓몬 고〉라는 게임이었다.

미래는 이미 와 있다는 말이 있는데, VR/AR 게임에 해당하는 말이다. VR 게임은 아직 기술적인 한계를 극복하는 단계에 있지만, 영화 〈레디 플레이어 원〉과 같은 시대가 분명 올 수 있을 것이라고 본다. 개인적으로 〈포켓몬 고〉가 갖는 의미는 대단하다고 생각한다. 그동안 간접 경험 형태였던 콘텐츠 향유 방식이 직접 경험 형태로 전환되는 시작점이었다고 할 수 있다. 또한 단순 시도에 그치지 않고, 엄청난 파급력을 보여주었다. 〈포켓몬 고〉를 플레이한 우리는 역사의 현장을 경험한 셈이다. 대단한 행운이 아닐 수 없다. (아마도 〈포켓몬 고〉는 게임의 패러다임을 바꾼 게임으로 평가받지 않을까 싶다.)

스토리 창작에 관하여

스토리 작법은 분명 기술이지만 운이 많이 작용한다. 스토리 창작은 생각보다 단순한데, 플롯 하나만 생각해내면 끝이다. 그다음에는 플롯을 구체화하기만 하면 된다. 구체화는 어려운 작업이 아니다. 시간만 있으면 누구나 할 수 있다. 문제는 스토리의 엔진이라고 할 수 있는 플롯이다. 플롯을 생각하는 일은 1분 만에 끝날 수도 있지만, 길어진다면 며칠 혹은 그 이상이 필요할 수도 있다.

스토리가 떠오르지 않을 때는 정말 괴롭지만, 불현듯 스토리가 떠올랐을 때의 쾌감은 엄청나다. 스토리를 창작하는 사람이라면 누구나 경험하게 되는 묘미다. 그러나 처음에는 대단하다고 생각했던 스토리가 시간이 지나고 보면 쓰레기인 경우가 허다하다는 점은 함정이다. (게임에 사용되지 못하는 수준의 스토리는 쓰레기가 분명하다.)

스토리를 만들기 전에는 나중에 어떤 스토리가 나올지 기대하게 되는데, 이건 창작자가 아닌 독자로서의 기대감이다. 언제 작업하는가, 작업 당시의 컨디션이 어땠는가에 따라서 스토리의 내용은 완전히 달라진다. 앞서도 여러 번 언급하였듯이 게임 시나리오 작업의 특성상 스토리에서 활용해야 할 지역이나 몬스터가 이미 결정되어 있을 확률이 높다. 큰 방향성이 정해져 있는 셈이다. 그럼에도 실제 창작 과정에서 만들어지는 스토리 자체는 우연과 불확실성의 연속이어서 가챠[6]나 다를 게 없다. 뭘 만들어야 할지는 분명하지만, 뭐가 나올지는 모른다. 창작자조차 예상하기 어려운 불확실성, 내가 이 일을 좋아할 수밖에 없는 이유다.

스토리를 구상할 때면 머릿속에 뭔가 존재하는 게 느껴진다. 나만 느낄 수 있는 것이라 정확하게 설명하기는 어렵다. 이게 글이라는 형태로 발현되면 하나의 스토리가 된다. 스토리 창작은 무의식의 영역에 있는 뭔가를 끄집어내는 일이라 할 수 있다. 이 글을 쓰고 있는 지금도 구체적이진 않지만 뭔가가 나의 머릿속을 맴돌고 있다. 꼭 스토리가 아니어도 흔히 말하는 '창작' 경험이 있다면 누구나 공감할 수 있을 것이다.

누군가는 이것을 '영감'이라고 부를지도 모르겠다. 그러나 영감은 느낌일 뿐 실재하는 것은 아니다. 하지만 내가 말한 '뭔가'는 스토

---

6   어떤 아이템이 뽑힐지 알 수 없는 '랜덤박스'를 말한다. 일본에서 사용하던 용어가 그대로 들어와 쓰이고 있다.

리로 구체화하기 이전 단계에서 분명 존재한다. 아직은 정체를 몰라서 자세히 설명하기 어렵지만, 언젠가는 나만 알고 있는 이 존재에 대해 구체적으로 설명할 수 있게 되길 기대한다. (어쩌면 그날은 영원히 오지 않을지도 모르겠다.)

예술로서의 게임

게임을 종합 예술이라고 주장하는 사람들이 많다. 아트와 음악, 스토리 등 우리가 오래전부터 예술이라 불렀던 요소들을 모두 포함하고 있기 때문이다. 게임을 좋아한다면 이런 주장에 동조할지도 모르겠다. 특히 게임 시나리오 작가나 지망생이라면 더더욱 그럴 것이다. 게임은 예술이 될 만한 요소들을 모두 가지고 있지만, 이런 요소들로 만들어진 결과물 대부분은 예술성이 없다.

온라인 게임이 대표적인 예다. 온라인 게임이 운영되는 방식은 '서비스'에 가까워서 예술과는 거리가 멀다. 웹소설 역시 같은 맥락에서 설명할 수 있다. 웹소설은 소설의 일종이지만 웹소설을 예술로 인식하는 사람은 극히 드물다. 중요한 것은 형식이 아니라 그 내용과 소비되는 형태다. 웹소설은 소설보다 재미에 더 많이 집중하며, 깊이 고민해야 하는 내용을 담지 않는다. 웹소설 작가들은 상업성을 추구하며 웹소설을 소비하는 독자의 니즈를 따라간다.

게임도 마찬가지다. 우리가 게임을 하는 이유에 '예술적'인 뭔가는 없다. 간혹 예술 게임이라 불리며 극찬받는 게임도 존재한다. 그러나 그런 게임은 높은 확률로 인디 게임이다. 인디 게임이기 때문에 새로운 시도를 할 수 있었고, 그중 일부가 좋은 평가를 받았을 뿐이다. 결국 우리가 문학 작품이나 예술영화를 보면서 기대하는 '예술적인' 어떤 요소를 게임에서 찾기는 어렵다.

게임은 형식적인 면에서 현존하는 궁극의 콘텐츠[7]다. 다양한 형식으로 존재할 수 있기에 잘 활용한다면 대단한 예술이 될 수 있다. 그러나 지금의 게임이 소비되는 방식을 예술로 보기에는 무리가 있다.

인터넷 방송과 게임의 상관관계

아프리카 방송에서 시청자가 별풍선을 선물하면 BJ는 감사를 표하는 등 그에 대해 리액션을 한다. 게임이 다른 매체와 다른 점은 플레

---

7   게임만의 특징인 상호작용은 활용 가치가 아주 높다.

이어가 콘텐츠에 개입한다는 점인데, 아프리카 방송의 기본적인 메커니즘 또한 게임과 완전히 같다. (물론 실시간 방송에 한해서다.) 방송에 개입하기 위해 시청자는 별풍선을 준비해야 한다. 별풍선을 소비하는 정도에 따라 BJ의 리액션이 달라진다.

아프리카 방송에서 내가 주목한 건 별풍선으로 거는 미션이었다. 예를 들어 BJ가 순위 경쟁 게임으로 인터넷 방송을 진행한다면, 시청자들은 '1등 하면 별풍선 몇 개'와 같은 미션을 건다. 흥미로운 건 이런 미션 자체가 방송의 콘텐츠로 전환된다는 점이다. 인터넷 방송에서는 별풍선을 소비하는 소비자가 콘텐츠의 생산자가 되기도 하는 대단히 특이한 메커니즘이 작동하고 있었다.

연장선상에서 이야기해볼 수 있는 것이 트리거를 활용한 게임 시스템이다. 형광등의 스위치를 켜면 불이 켜지는데, 이때 트리거는 형광등의 스위치다. '액션과 리액션' '행동에 따른 반응'의 개념이다. 게임 시나리오 작업(정확히는 퀘스트 제작)을 할 때, 이 개념이 많이 활용된다. 이를테면 어떤 장소에 도착했을 때, 몬스터가 덤벼드는 것이 대표적인 예다. 몬스터가 아니라 동료가 등장해도 된다. 응용 범위가 무한대에 가까울 뿐만 아니라, 적절하게 활용한다면 스토리의 몰입도를 획기적으로 높일 수 있다. 뻔한 스토리도 뻔하지 않게 만들어준다.

다르게 말한다면 트리거는 '플레이어의 행동에 따른 환경 변화'다. 게임을 다른 콘텐츠와 구분하는 가장 큰 특징이다. 게임 시나리

〈게임의 기본 메커니즘〉

〈아프리카 방송〉

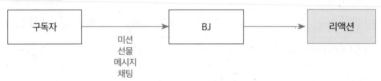

〈게임〉

[그림5]
아프리카 방송으로 본 게임의 메커니즘

제3장 게임 시나리오 창작에 대한 생각

오 작가라면 이 개념을 정확하게 알고 활용할 필요가 있다.

닌텐도가 위대한 이유

게임을 만든다고 할 때, 가장 먼저 해야 할 생각은 '게이머에게 어떤 경험을 줄 것인가?'이다. 성공한 게임일수록 이 질문에 답하기 쉽다. 비슷한 맥락에서, 재미있는 게임을 '기존과 다른 경험을 주는 게임' 으로 정의할 수 있다. 이런 관점에서 본다면 재미있는 게임을 만드는 방법은 의외로 쉽다. 내가 생각하는 방법은 크게 두 가지다.

첫째는 함께하는 플레이(협력 또는 대전)다. 〈스트리트 파이터 2〉 가 전 세계적인 인기를 얻었던 이유는 대전이 가능했기 때문이다. 다른 플레이어와의 전투는 완전히 다른 재미를 준다. 대전이 아니라 협력이어도 문제는 없다. 다른 플레이어와 함께할 수 있다는 것 자체 만으로 게임성 자체가 달라진다. 우리가 PC방에 가는 이유 중 하나 는 '함께' 게임하기 위해서다. 함께 플레이하는 것은 혼자 플레이할 때와는 다른 경험을 준다. 온라인 게임이 인기 있을 수밖에 없는 이 유도 이 때문이다.

둘째는 새로운 경험을 주는 입력장치다. 같은 게임도 입력장치가 달라지면 다른 경험을 준다. 게임 시스템이 똑같더라도 게이머의 경험은 완전히 달라진다. 상대적으로 사양이 떨어지는 NDS[8]와 Wii[9]가 전 세계적인 인기를 끌 수 있었던 것도 이 때문이다. 〈기타 히어로〉와 〈DDR〉의 게임성은 전용 컨트롤러 사용 여부에 따라 달라진다. 〈비트 세이버〉 역시 VR 특유의 모션 컨트롤러를 활용하면서 새로운 게임성을 가질 수 있었다.

닌텐도는 위의 두 가지 요소를 잘 활용한다. 특히 '새로운 게임 플레이(기존에 없던 경험)'에 대한 고민을 많이 한다. NDS와 Wii는 완전히 달라 보이지만 게임기가 추구하는 방향성은 같다. 둘 다 조작하는 재미를 살리기 위한 게임기다. 스위치로 발매된 〈마리오 카트 라이브 홈 서킷〉 역시 같은 철학에서 나온 결과물이라 할 수 있다.

닌텐도에서 만든 게임의 스토리는 절대 과하지 않다. 입력장치와 마찬가지로 게임 플레이에 더 몰입하게 하는 도구로 활용된다. 대사와 영상을 많이 활용하는 다른 게임 회사들과 확실하게 차별화되는 점이다. 닌텐도는 게임 자체에 집중한다. 이런 철학을 계속해서 유지한다는 점이 닌텐도가 위대한 이유다. (미야모토 시게루의 철학일지도 모르

---

8   닌텐도에서 2004년에 발매한 휴대용 게임기. 듀얼 스크린과 터치스크린으로 새로운 경험을 주었다.
9   닌텐도에서 2006년에 발매한 콘솔 게임기. 모션 컨트롤러로 새로운 경험을 주었다.

겠다.)

내가 추구하는 게임 시나리오 작업의 철학도 '게임 시스템(게임 플레이)을 통한 스토리 전달'인데, 닌텐도가 게임을 만드는 철학과 어느 정도 일치하는 부분이 있다. CG라 불리는 영상은 워낙 효과가 좋아서 적절하게 활용할 필요가 있지만, 게임 내 대사는 적을수록 좋다.

인터렉티브 스토리의 허상

게임북은 독자의 선택에 따라 스토리 전개가 달라지는데, 일종의 인터렉티브 스토리(interactive story)라 할 수 있다. 게임북이라는 이름이 붙은 것은, 선택에 따라 결과가 달라지는 경험이 게임의 특성을 가졌기 때문이다. 게임이라면 모두 인터렉티브 스토리라고 생각하는 이들도 있지만, '상호작용'은 게임의 특성일 뿐이다. 모든 게임에서 스토리에 따라 분기가 발생하진 않는다.

인터렉티브 스토리는 기존의 선형 구조에서 벗어날 수 있다. 그 때문인지 콘텐츠 산업 전반적으로 높은 평가를 받고, 이상적인 게임 스토리텔링의 예시로 어김없이 등장한다. 키워드는 '내가 만들어가는 스토리'다. 선택에 따라 스토리가 획기적으로 달라지는 것이 이상적이지만, 그러려면 비용이 많이 든다. 어쩔 수 없이 부분적으로 활용할 수밖에 없다. 넷플릭스에서도 '인터렉티브 TV'라는 이름의 시리즈를 생산하고 있지만, 몇 편 되지 않는다. 뭔가 대단한 걸 만들어낼 것처럼 광고하지만, 이벤트 수준에 그칠 가능성이 높다.

인터렉티브 스토리는 완벽하게 게임의 서사다. 어설프게 드라마나 영화에서 따라 할 필요가 없다. 인터렉티브 영화 자체는 1967년에 처음 등장했을 정도로 역사가 길다. 그런데도 40년이 훨씬 지난 지금까지 활성화되지 않았다면 그만한 이유가 있다고 봐야 한다.

결정적으로 인터렉티브 스토리는 인터렉티브하지 않다. 나의 선택에 따라 스토리가 달라지는 것처럼 보이지만, 결국엔 창작자가 만들어놓은 틀에서 벗어날 수 없다. 이상과 현실의 괴리가 크다. 정말 완벽한 인터렉티브 스토리가 되려면 수많은 게임 시스템을 활용해야 한다. 리처드 게리엇이 만든 〈타뷸라 라사〉는 처음 기획대로 만들어졌다면 인터렉티브 스토리의 대표작이 되었을 것이다. 하지만 정작 완성된 게임은 기대에 미치지 못했다.

잘 포장된 이미지 덕분인지 스토리를 좋아하는 게이머나 게임 시나리오 작가 중에는 인터렉티브 스토리에 대한 환상을 가진 이들이 많다. 현실적으론 같은 비용으로 콘텐츠의 밀도와 플레이 타임을 늘리는 것이 더 나은 선택이다. 물론 게임에 따라 스토리의 분기가 필요할 수도 있다. 이럴 때에도 부분적으로 활용해야 부담이 적다. 무엇보다 웬만해서는 인터렉티브 스토리에 대한 게이머들의 높은 기대치를 만족시키기 어렵다. 아무래도 아직은 때가 아닌 듯하다.

게임 속 한국인 캐릭터

현대를 배경으로 하는 게임의 캐릭터 설정에서 의외로 중요한 부분이 국적이다. 국적에 따라 캐릭터의 아이덴티티가 결정되는 경우가 많다. 그래서 해외에서 만든 게임의 한국 국적 캐릭터를 살펴보면 다른 나라에서 생각하는 우리나라의 이미지를 알 수 있다.

과거 게임에 등장하는 한국 국적 캐릭터의 콘셉트는 '태권도'를 벗어나지 않았다. 아니면 남북의 휴전 상황을 반영한 '군인' 캐릭터가 일반적이었다. 대표적인 예가 〈아랑전설〉 〈킹 오브 파이터즈〉 시리즈의 '김갑환'이다. 철권 시리즈의 '화랑'은 태권도하는 군인(그것도 탈영한)이라는 더 극단적인 설정을 가지고 있다. 간혹 등장하는 북한 캐릭터 역시 여기에서 크게 벗어나지 않는다.

그러나 최근에 만들어지는 게임 속 캐릭터의 이미지는 완전히 달라졌다. 대표적인 캐릭터가 〈오버워치〉의 송하나(디바)다. 게임 내 설정은 스타크래프트 프로게이머다. 기기를 잘 다루는 등 지적인 느낌이 많이 강조되어 있다. 모바일 AOS 게임인 〈베인글로리〉의 한국인 캐릭터 스카이도 송하나처럼 전투기기를 조종하는 여성 캐릭터다.

단순한 우연은 아니다. 기계를 잘 다룬다는 설정에서 연상되는 국가가 한국이었기 때문이라고 볼 수 있다. 실제로 외국인이 생각하는 가장 대표적인 한국의 이미지는 '기술 강국'이다. 이런 인식이 캐릭터 설정에 반영되었다고 볼 수 있다.

게임은 아니지만, 〈어벤져스 2〉에서 헬렌 조(김수현 분)는 생명공학자라는 설정을 가지고 있다. 히어로들이 그녀의 도움을 받기 위해 한국에 온다는 것 자체가 '기술 강국'이라는 한국에 대한 이미지와 상통한다고 볼 수 있다. 파일럿 캐릭터가 많은 이유도 E-스포츠가 활성화된 '게임을 가장 잘하는 나라'라는 인식 때문일 것이다. 〈에이펙스 레전드〉의 한국인 캐릭터 크립토는 해커인데, 그가 사용하는 스킬 역시 '기술'이라는 키워드와 연결된다.

향후 외국에서 제작하는 게임에서 한국인 캐릭터가 등장한다면 지금의 흐름과 유사한 형태일 가능성이 높다. 북한과 같은 이미지로 인식되던 과거를 생각하면 놀라운 변화다.

게임과 정치적 올바름에 대하여

언제부터인가 정치적 올바름(PC, political correctness)을 내세우는 스토리가 늘어나기 시작했다. 물론 차별이나 편견은 사라져야 한다. 지극히 당연한 말이다. 그러나 마치 유행에 편승하는 것처럼 콘텐츠 업계 전반적으로 남발하는 경향은 문제가 있다고 본다.

그 중심에 디즈니가 있다. 실사 버전 〈알라딘〉에서 자스민은 술탄이 된다. 문제는 자스민이 술탄이라는 지위를 얻을 만한 행동을 하지 않았다는 사실이다. 자파를 물리친 것은 알라딘의 기지였다. 주체적인 여성으로서의 자스민을 부각하려다 보니 스토리가 어정쩡해졌다. 〈알라딘〉의 주인공은 철저하게 알라딘이었어야 했다. 〈인어공주〉 실사판의 주인공을 흑인으로 캐스팅한 것도 엄청난 실수다. 원작이 덴마크 동화라는 것을 고려하면 흑인이 캐스팅된 것 자체가 역인종 차별이다. 스토리의 맥락을 전혀 고려하지 않은 기계적인 캐스팅에 불과하다. 이런 논리라면, 주인공이 다수인 영화에서는 백인, 흑인, 동양인이 모두 등장하는 것이 맞다.

게임에서도 이런 식의 설정이 늘어가고 있다. 〈오버워치〉에서 트레이서와 솔저76은 성소수자로 등장한다. 트레이서는 초반부터 커밍아웃한 상태라 크게 문제될 것이 없다. 문제는 솔저76이다. 애초에 성소수자로 설정했다는 게 게임 회사의 입장이긴 하지만, 그와 관련된 암시가 하나도 없는 상태에서의 커밍아웃은 억지스럽다. 〈리그 오브 레전드〉의 바루스도 성소수자인데, 이에 대한 개연성은 제시되지 않았다.

이쯤 되면 콘텐츠 업계 전반에 PC 캐릭터 할당제나 PC에 대한 강박관념이 지나치다고밖에 볼 수 없다. 기대작이었던 〈라스트 오브 어스 2〉도 이러한 비판에서 벗어날 수 없었다. 캐릭터를 유색인종, 성소수자, 장애인으로 설정하는 것만으로 캐릭터성이 생겨나진 않는다. 맥락 없이 캐릭터를 만드는 기법처럼 남발되고 있다는 느낌이다.

〈고스트 버스터즈〉는 리메이크되면서 남녀 역할이 바뀌었다. 백치 미녀 대신 백치 미남이 등장한다. 이 영화는 흥행에 실패했는데, 여성이 주인공이기 때문이 아니라 영화를 못 만들었기 때문일 것이다. 영화가 스토리가 아니라 PC 캐릭터에 중점을 두는 순간 실패는 결정되었다고 봐야 한다.

국내 게임 업계에선 PC보다 일베와 메갈에 관한 논란이 잦은 편이다. 대표적인 예가 〈이터널 클래시〉 사건이다. 2016년에 출시된 이 게임은 일베 용어를 사용한 챕터명으로 인해 큰 논란을 불러일으켰다. 결국 개발사의 대표는 자리에서 물러나고 담당자는 해고되었다. 더 흥행할 수 있었던 게임의 운명이 텍스트 몇 줄로 결정되어버렸다. 게임이나 게임의 스토리와 무관한 (논란의 여지가 있는) 메시지를 넣으려는 시도는 절대 옳지 않다. 게임이라는 공동 창작의 결과물을 사유화하려는 수작일 뿐이다.

게임 시나리오 작가의 마음가짐

게임 시나리오 작가는 창작자면서 회사원이다. 창작자와 회사원의 경계를 넘나드는 것이 게임 시나리오 작가다. 두 정체성의 온도 차는 생각보다 크다. 특히 게임 시나리오 작가의 '회사원'으로서의 모습이 낯설게 느껴질 수 있다. 이는 게임 시나리오 작가뿐만 아니라 게임을 만드는 모두에게 해당되는 얘기지만, 게임 시나리오 작가, 원화가 등 작가 성향이 짙은 파트의 작업자들이 상대적으로 회사 적응을 어려워하는 편이다. 일반 회사보다는 나을 수 있겠지만, 게임 회사도 결국 회사라는 사실에는 변함이 없다.

100명이 개발하는 게임에 참여하고 있다면 그 사람의 지분은 1/100이다. '공동 창작'이라는 게임의 특수한 제작 방식은 개인 작업에 더 익숙한 게임 시나리오 작가에겐 달갑지 않을 수 있다. 사람이라면 저마다의 생각이 있기 마련이어서 의견 조율이 생각보다 어렵다. 또 사람들 간의 상성도 존재한다. 맞는 말을 해도 그냥 싫은 사람이 있다. 나 역시 누군가에게 그런 사람일 수도 있다. 어쨌든 쉽지 않은 작업인 것은 분명하다. 나는 대학교 때 영화를 전공하여 공동 창작 경험이 있는 상태였음에도(학생 단편영화이긴 하지만) 적응하기가 쉽지 않았다.

게임 시나리오 작가는 '공동 창작' 형태로 게임을 만드는 '회사원'이라는 아주 특이한 포지션을 가지고 있다. 게임 시나리오 작가뿐만 아니라 게임 개발자라면 누구나 지켜야 할 선이기도 하다. '공동 창작'과 '회사원', 이 두 가지 키워드를 기억해둔다면 오랫동안 이 일을 하는 데 도움이 될 것이다.

게임 시나리오 작업을 위한 금단의 비법

어릴 적 즐겨보던 게임 잡지의 코너 중 '금단의 비법'이라는 것이 있었다. '전설의 무기를 얻는 법' 같은 게임의 비기를 알려주는 코너였는데, 이와 동일하게 오랫동안 게임 시나리오 작업을 하면서 터득하게 된 나만의 비기(?) 몇 가지를 공유하려 한다. 일종의 창고 대방출이다.

기반 작업을 확실히, 뼈대부터 만들자

지극히 당연한 말이지만, 실무에서는 체계적으로 일하기가 쉽지 않다. 흔하진 않지만 프로그래머에게 구두로 기획을 전달하는 일도 존재한다. 기획서 없이 일하는 걸 자랑처럼 이야기하는 회사도 있다. (이름만 들으면 알 수 있는 큰 회사다.) 그래서 작업 속도가 빠르다고 하긴 했다. 당장은 그럴 수도 있지만, 히스토리 추적[10]이 어려워서 결국 작업 속도는 느려지게 되어 있다.

게임 시나리오 작업 프로세스에서 기반이 되는 작업은 세계관이다. 그중에서 특히 중요한 건 앞서도 잠깐 이야기한 바 있는 지역과 세력 설정이다. 이 두 가지만 있어도 스토리, 캐릭터(몬스터 포함), 배경을 만들 수 있다. (약간 과장해서 말하면, 게임 시나리오 작가는 이 세 가지를 만들기 위해 존재한다.) 특히 지역 설정은 그것을 '바탕'으로 게임의 공간이 만들어진다는 점에서 무엇보다 중요하다. 게이머들이 텍스트를 읽지 않는다고 가정한다면, 매력적인 공간을 거쳐 가도록 하는 것만으로도 이미 성공한 스토리텔링이다.

지역과 세력 설정은 예시 중 하나다. 다른 작업을 하더라도 먼저 기반이 되는 작업이 무엇인지 파악한 다음 그것부터 작업하는 습관을 기르자. 작업 속도와 완성도 모두 훨씬 좋아질 것이다. 찰흙 조형물을 만들 때 뼈대부터 잡는 이유는 크고 튼튼한 조형물을 만들기 위함이다. 기본에 충실하자.

---

10   작업과 관련된 문서나 테이블을 확인하는 것을 말한다. 생각보다 많은 시간을 소모한다.

현장에 답이 있다

스토리텔링에서 클리셰처럼 쓰이는 소재 중 하나로 '현장 전문가와 현장을 모르는 상관의 갈등'이 있다. 일본 영화 〈춤추는 대수사선〉의 "사건은 회의실에서 일어나지 않아! 현장에서 일어난다!"라는 대사를 들어본 사람이 있을지도 모르겠다. 더 익숙한 대사로는 〈미생〉의 "현장이지 말입니다"가 있다.

게임 시나리오 작가에게도 현장이라 부를 만한 것이 존재하는데, 바로 '필드'다. 필드는 계속 강조해온 '공간'의 실질적인 형태다. 머릿속으로 상상한 스토리와 그 스토리가 플레이되는 공간에는 반드시 간극이 존재한다. 완전히 같은 스토리라도 필드에 따라 플레이 경험이 달라지기 마련이다. 스토리가 생각나지 않는다면 잠시 고민을 멈추고 필드를 돌아다녀보자. 게이머의 입장에서 동선을 확인할 수 있을 뿐만 아니라 배경으로 만들어진 건물이나 오브젝트에서 새로운 아이디어를 얻을 수도 있다.

스토리를 만들기 전에 필드를 돌아보자. 퀘스트로 구현되었다면 계속해서 플레이하면서 업계에서 '폴리싱(polishing)'이라 부르는 튜닝 혹은 개선 작업을 계속하자. 게임 시나리오는 게임으로 구현되었을 때에나 의미 있다는 점을 명심하자. 현장은 아주 중요하니 자주 뛰어다니자.

방망이 깎는 노인의 마음으로

게임 시나리오 작업의 어려움 중 하나는 비전문가와의 협업이다. 게임 시나리오는 구현되었을 때만 의미가 있지만, 그 전에 결과를 보고 싶어 하는 사람이 많다. 그 결과란 대사가 있는 소설 같은 스토리다. 보통은 적힌 게 많으면 작업이 많이 되었다고 생각한다. 그러나 대사의 양이 아무리 많아봤자 스킵하는 순간 플레이 타임은 1초밖에 되지 않는다. 플레이와 연결되는 사건이라면 대사가 한 문장뿐이어도 플레이 타임은 몇 분 혹은 그 이상까지 넘어갈 수도 있다. 게임 시나리오에서 중요한 건 텍스트의 양이 아니라 구현된 게임의 플레이 타임이지만, 그것까지 파악할 수 있는 사람은 드물다. 많은 사람이 생각하는 게임 시나리오는 소설에 가까워서 작업의 양이나 형식으로 인한 이견을 조율하는 것이 쉽지 않다.

게임 시나리오 작가의 처지는 방망이 깎는 노인과 다르지 않다. 방망이를 제일 잘 아는 사람이 노인이지만, 손님은 옆에서 보채기 마련이다. "다 된 것 아니냐?" "여기가 이상하니 좀 깎았으면 좋겠다" 등등. 하지만 어떤 방망이로 만들어야 할지는 노인만이 알고 있다.

게임 시나리오 작가는 실제로 구현된 게임으로 평가받는다. 중간 과정에서 작업 지시자에게 좋은 평가를 받는 것도 좋지만, 최종 평가는 결국 게이머가 한다. 어떻게 완성될지를 항상 생각하면서 작업해야 한다. 그래서 게임 시나리오 작가라면 방망이 깎는 노인에 빙의할 필요도 있다. 반영한 의견의 결과가 좋아도, 좋지 않아도 문제가될 여지가 있기 때문이다. (결과가 좋다면 의견 낸 사람의 공이 되고, 결과가 좋지 않으면 내 책임이 된다.) 그러니 적당히 들어주기도 하고, 적당히 무시하기도 하면서 작업의 주도권을 가져가자.

초고는 빠르게, 작업은 끊어서

모든 초고는 쓰레기여서 당연히 완성도가 떨어진다. 초고가 완성작이 된다는 건 꿈같은 일이다. 즉석 랩이 존재하는 걸 보면 시조(時調)는 가능했을지도 모르겠다. 그러나 위대한 작가들도 한 번에 명작을만들어내진 못한다. 빅토르 위고가 『레미제라블』을 완성하기까지는36년이 걸렸다. 톨스토이는 35년 만에 『전쟁과 평화』를 완성했다. 헤밍웨이는 200번 퇴고한 끝에 『노인과 바다』를 완성할 수 있었다. 이들이 못하는 걸 우리가 할 수 있을 리 없다. 그런 의미에서 '일필휘지(一筆揮之)'는 허상에 불과하다.

어차피 초고는 버려질 것이기 때문에 가능한 빠르게 작업해야한다. 그러나 많은 사람이 그러지 못한다. 과거의 나도 그랬다. 창작자라면 완벽주의 성향을 가지고 있기 마련이다. 완벽주의 성향이 절대 나쁜 건 아니지만, 잘못하다간 내가 만들고 있는 스토리에 빠져 허우적대다 시간만 허비할 확률이 높다. 예쁜 쓰레기도 결국 쓰레기다. 스토리와 대사는 수정할수록 좋아진다는 불변의 진리를 믿고 초고를 최대한 빠르게 완성하는 데 초점을 맞추자.

초고를 빨리 쓰는 데 도움이 되는 방식 중 하나는 끊어서 작업하는 것이다. 이름하여 '절단신공(切斷神功)'이다. 방법은 시간을 정해놓고 정확하게 그 시간 안에서만 작업하는 것이다. 같은 시간을 투자하더라도 한 번에 완성한 스토리보다 여러 번 수정한 스토리의 완성도가 높다. 절단신공의 장점은 중간에 흐름을 끊어줌으로써 나의 작업물을 객관적인 시선에서 바라볼 수 있게 된다는 것이다. 일종의 거리 두기다.

미완성이라고 느껴질 수도 있지만 작업 시간을 엄수해야 한다. 핵심은 작업 시간이 아니라 수정 횟수에 있다는 것을 명심하자. 꾸준히 반복하다 보면 어느 순간 스토리가 완성되어 있을 것이다. 무수히 덧칠해야만 내가 원하는 스토리를 만들 수 있다. 절대 한 번에 완벽한 스토리를 만들려고 하지 말자. 신이 아닌 이상 불가능한 일이다.

1시간씩 4회 작업한 스토리 완성도 〉 4시간 작업한 스토리 완성도 효율을 더 높이는 방법은 다른 작업을 병행하는 것이다. 이왕이면 시간만 투자하면 성과가 나는 단순한 작업이 좋다. 일의 성격이 완전히 다르기 때문에 집중력을 계속 유지할 수 있다. 일을 본격적으로 시작하기 전에 창의성이 필요한 작업과 단순 작업으로 일을 구분해두자. 성격이 비슷한 작업을 계속하는 건 효율성 측면에서 좋지 않다. 일 분배만 잘해도 빠르게 완성도 있는 스토리를 만들어낼 수 있다.

무라카미 하루키가 매일 200자 원고지 20매씩 글을 쓰는 건 잘 알려진 사실이다. 스토리 창작자의 좋은 습관 혹은 작업 방식을 이야기할 때 빠지지 않고 등장하는 예다. 그러나 양이 기준이 된다면 양을 채우기 위해 걸리는 시간은 매번 달라질 수밖에 없다. 개인 작업이라면 문제가 되지 않지만, 회사원의 일이라면 얘기가 달라진다. 자주 끊어서 수정 횟수를 늘리고, 중간중간 다른 작업도 병행하자. 성향에 따라 다르겠지만, 게임 시나리오 작업에는 잘 맞는 작업 방식이다.

나는 이 책의 원고를 다른 책의 원고와 동시에 썼다. 쓰다가 집중력이 떨어지면 책을 바꿔서 썼다. 글쓰기와 거리 두기를 반복하다 보면 어느 순간 원고가 완성되어 있다. 놀랍게도 그 과정이 생각만큼 지루하지는 않다. (인간의 뇌는 뭔가를 새로 시작할 때 집중력이 높아지는 경향이 있다.) 이 방법을 늦게 발견한 게 아쉬울 따름이다. 이제라도 알았다면 적극적으로 활용하자.

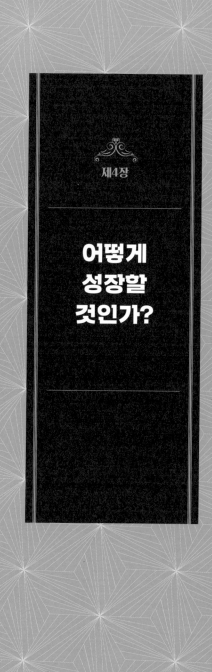

제4장

어떻게
성장할
것인가?

게임 시나리오 작가의 성장 메커니즘

'배우기는 쉽게, 마스터하기는 어렵게'

게임 업계에서 내려오는 전설적인 명언이다. 놀런 부슈널이 말했기에 '부슈널의 법칙'이라 불린다. 게임 시나리오 작가의 성장도 이와 유사한 측면이 있다. 게임 시나리오 작가가 되는 것은 생각보다 쉽지만, 역량을 갖춘 전문가로 성장하기는 어렵다. 게임 시나리오 파트는 의외로 구인난을 겪는데, 회사에서 원하는 수준의 게임 시나리오 작가가 드문 편이기 때문이다. 여기서 요구하는 수준은 회사마다 다르긴 하지만, 대체로 2장에서 설명한 게임 시나리오 작가의 기술을 고루 갖춘 사람이다.

게임 시나리오 파트는 다른 파트에 비해서 실력 편차가 크다. 성격이 비슷한 원화 파트와 마찬가지로 마냥 오래 일한다고 실력이 느는 것이 아니어서 끊임없는 자기계발은 필수다. 지금부터 설명할 내용은 게임 시나리오 작가의 성장을 위한 방법이지만 게임 시나리오 작가에게만 국한된 내용은 아니다. 콘텐츠를 만들고 있거나 만들고 싶은 사람이라면 누구에게나 많은 도움이 될 것이다.

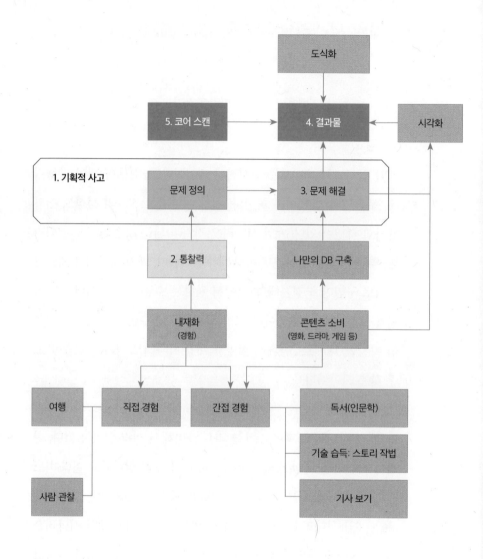

[그림6]
게임 시나리오 작가의 성장 메커니즘

제4장 어떻게 성장할 것인가?

도식으로 이해하는 것이 훨씬 빠르기 때문에 간단하게 정리했다. 먼저 게임 시나리오 작가의 성장 메커니즘을 간단히 설명하고자 한다.

기획적 사고

시작은 '문제 정의와 문제 해결'의 기획적 사고다. 얼핏 생각하면 둘 중 문제 해결이 더 중요할 것 같지만, 그 반대다. 문제가 무엇인지 알아야 제대로 된 해결책을 찾을 수 있다. 창업에서 흔하게 사용되는 '페인킬러(painkiller)'라는 용어가 있다. 말 그대로 고객의 고통을 해결해주는 것을 말한다. 가령 불면증에 걸린 사람이 자고 싶을 때 잠들 수 있게 해준다면 어마어마한 부를 축적할 수 있을 것이다. (누구나 문제라고 생각하지만, 여전히 해결 못 한 과제다.)

게임 시나리오 작업도 마찬가지여서, 가장 먼저 게임에서 필요로 하는 스토리가 무엇인지 정확하게 파악해야 한다. '문제 정의'라는 말이 자칫 어렵게 느껴질 수 있는데, 풀어서 설명하면 '방향성 설정'이라 할 수 있다. 방향성만 제대로 설정한다면 거기에 맞춰 작업하는 건 어렵지 않다.

'모로 가도 서울만 가면 된다'는 말이 있다. 이때 '서울'이 바로 방향성이자 문제 정의에 해당한다. 목적지가 확실하면 어떻게든 방법을 찾게 되어 있다.

통찰력

통찰력은 '사물의 현상이나 본질을 꿰뚫어 보는 능력'이다. 내가 생각하는 통찰력의 의미는 '뭐가 중요한지 아는 힘'이다. 통찰력을 갖추기 위해서 필요한 것이 내재화(內在化)다. 닥치는 대로 경험해서 내 것으로 만드는 걸 말한다. '도둑질 말고는 다 배워라'라는 옛말도 있다. '게임의 신'이라 불리는 미야모토 시게루 역시 비슷한 말을 했다.

> "모든 경험은 결국 삶의 양식이 되기 때문에 인생에 헛된 것은 하나도 없습니다."

경험은 직접 경험과 간접 경험이 모두 포함되기 때문에 그 범위가 엄청나게 넓다. 핵심은 생각하는 데 있다. 내가 가보지 않은 새로운 공간에 가서도 생각하고, 책을 읽으면서도 생각해야 한다. 끊임없이 생각하다 보면 비판적 사고와 함께 통찰력도 길러진다.

문제 해결

게임 시나리오 작업은 문제 해결의 연속이다. 문제를 해결하기 위해선 기존의 다양한 패턴을 알아야 한다. 만들고자 하는 매체의 문법을 정확하게 이해하고 있어야 한다. 소설가가 소설을 많이 읽어야 하는 것은 당연하다. 게임 시나리오 작가라면 게임을 (분석적으로) 많이 해서 게임의 문법이라 할 수 있는 게임 시스템의 개념을 이해하고 있어야 한다. 게임과 가장 비슷한 매체인 영화를 많이 보는 것도 도움이 된다. 이렇게 접한 콘텐츠의 DB를 구축해둔다면 아이디어가 떠오르지 않는 상황에서 요긴하게 활용할 수 있다. (일종의 필살기다.)

콘텐츠에 대한 대중의 반응(피드백)을 찾아보는 것도 좋은데, 가장 좋은 것은 내 작업물에 대한 반응을 확인하는 것이다.

결과물

텍스트라 할지라도 시각화할 수 있어야 한다. 일부 게임 시나리오 작가의 아킬레스건이 시각화다. 게임 시스템으로 구체화되지 않는 결과물은 게임 제작에 전혀 도움이 되지 않는다.

문서라면 도식화해서 텍스트를 줄일 필요가 있다. 캐릭터 관계도 하나만 있어도 전체적인 스토리를 쉽게 이해할 수 있다.

코어 스캔

기존 콘텐츠를 분석해서 찾아낸 핵심 키워드를 작업에 활용하는 것을 말한다. 아는 사람은 알겠지만, 디즈니 애니메이션 〈라이온 킹〉과 〈쿵푸팬더〉의 스토리 구조는 같다. 둘 다 '영웅의 여정 12단계'라는 틀에 맞춰서 만들어진 스토리다. 이런 예는 수도 없다. 코어 스캔의 개념을 제대로 이해한다면 새로운 스토리를 끊임없이 만들어낼 수 있다. 일종의 기술이다.

이제 [그림6]에서 제시했던 항목들의 내용을 개별적으로 상세히
다뤄보겠다.

기획적 사고

모든 것이 기획의 산물이다

내가 생각하는 '크리에이터'의 정의는 '뭔가를 만드는 사람'이다. 이
때 '새로운'이나 '창의적' 같은, 있어 보이는 수식어가 붙을 수 있다.
이런 기준에 따르면 크리에이터라 불릴 수 있는 직종은 굉장히 많은
데, 게임 시나리오 작가도 그중 하나다. 뭔가를 만들려면 기획력이
필요하다. 따라서 크리에이터는 본질적으로 기획자라 할 수 있다. 크
리에이터라는 용어는 특별해 보이지만, 기획자를 말랑말랑하게 표현
했을 뿐이다.

모든 크리에이터는 기획을 한다. 기획에 대한 정의는 사람마다 다
르겠지만 '문제를 정의하고 문제를 해결하는 행위'라 할 수 있다. '방
향성을 정하고, 그 방향성을 구체화하는 것'으로 이해하면 더 쉽다.
예를 하나 들어보겠다.

인간은 평균적으로 한 시간에 4킬로미터를 걷는다. 느리기 때문에 말을 탔고, 말은 자동차로 대체되었다. 이때 '인간의 느린 이동 속도'가 바로 '문제'다. 그리고 '이 문제를 해결하기 위한 방법'으로 '말과 자동차'를 타게 된 것이다.

이렇게 본다면 세상에는 기획 아닌 것이 없다. 그래서 나는 '만물 기획설'을 주장한다. 인간을 둘러싸고 있는 거의 모든 것이 기획의 산물이다. 콘텐츠를 만드는 과정 역시 기획이며, 콘텐츠 만드는 사람은 기획자가 된다. 개념적으론 그렇다. 일전에 창업을 준비하는 과정에서 알게 된 다양한 이론들도 큰 맥락에선 기획에 대한 것이었다.

대표적인 것이 비즈니스 모델 캔버스다. 비즈니스 모델 캔버스는 비즈니스에 포함되어야 할 중요한 요소를 한눈에 파악하기 위한 도식이다. 요소가 9개나 되지만, 핵심은 고객의 문제점을 파악(문제 정의)하고, 그 문제점을 해결하기 위한 방법을 찾는 것(문제 해결)이다. 이것만 제대로 정리하면 나머지는 저절로 해결된다. 디자인 씽킹이라는 방법론도 여기에서 벗어나지 않는다. 디자인 씽킹의 5단계는 아래와 같다.

공감 〉 문제 정의 〉 아이디어화 〉 프로토타입 〉 테스트

핵심은 문제 정의와 프로토타입이라 할 수 있다. 문제가 해결된 형태가 프로토타입이다. '레고 시리어스 플레이'나 '비주얼 씽킹' 역시 기본적인 메커니즘은 같다. 문제를 해결하기 위한 도구로 레고나

이미지를 활용했을 뿐이다.

　이런 이론들은 달라 보여도 결국엔 '문제 정의와 문제 해결'의 틀에서 벗어나지 않는다. 내가 '만물기획설'을 주장하는 이유는 이 때문이다. 어느 순간 거의 나만의 신앙 같은 것이 되어버렸다. 누군가는 나를 게임 시나리오 작가로 부르겠지만, 나는 스스로를 기획자로 정의한다. 단순히 게임 시나리오를 만들기만 하는 것이 아니라, 게임 시나리오를 기획하는 사람이다.

게임 시나리오 작업에는 기획적 사고가 필요하다

게임 시나리오 작업은 일반적인 스토리 작업과는 다르다. 재미있는 스토리를 만드는 것보다 게임에서 필요로 하는 스토리를 만드는 것이 더 중요하다. 초보 게임 시나리오 작가들이 어려움을 겪는 이유는 이런 메커니즘을 이해하지 못하기 때문이다.

　나의 작업 방식은 한마디로 '문제 해결의 시나리오 작법'이다. 원리는 아주 간단하다. 우선 스토리에서 어떤 내용을 전달할지 결정한다. (이는 문제 정의에 해당한다.) 예를 들어 '착한 주인공의 모습'을 보여주고자 한다고 가정해보자. 주인공이 착해야 하는 이유는 그래야 많은 사람이 좋아하기 때문이다. 주인공이 착하다는 사실을 알려주기 위한 대표적인 클리셰로는 '고양이 구하기'나 '개 쓰다듬기'가 있

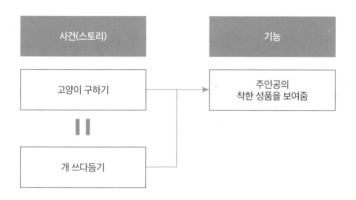

[그림7]
문제 해결의 시나리오 작법

다. 디즈니 애니메이션 〈인크레더블〉에도 고양이를 구하는 장면이 나온다. 슈퍼맨이나 스파이더맨이 사람을 구하는 장면도 같은 맥락에서 이해할 수 있다.

이런 장면은 기능이 같은 다른 사건으로 대체해도 문제가 되지 않는다. 슈퍼맨이 사람을 구하는 대신, 비행하다가 동전을 주워서 구세군 냄비에 넣어도 된다. 이때 두 사건은 분명 다르지만, 기능적인 역할은 완전히 같다. 똑같이 착한 주인공의 모습을 보여주는데, 해결 방법만 달라진 셈이다. 게임 시나리오 작가의 작업은 이런 식이다. 일정상의 이유로 고양이 제작 계획이 취소된다면, 기존에 만들어둔 개를 활용해야 한다.

문제 해결 능력의 다른 말은 기획력이다. '문제 해결의 시나리오 작법'은 철저하게 기획적 사고에 의한 방법론이다. 일반적으로 스토리를 만드는 행위를 '스토리 창작(創作)'이라고 하지만, '스토리 기획(企劃)'이 더 적합한 표현이다. 한자 뜻을 보면, 창작은 감성적이지만 기획은 이성적이다. 작품이라면 창작하고, 상품이라면 기획해야 한다. 게임은 작품이라고 바라볼 수도 있지만, 그보다는 상품에 가깝다. (특히 온라인 게임이라면 더더욱 그렇다.) 따라서 스토리 작법도 이성적으로 접근할 필요가 있다.

게임 스토리만의 특수성

게임의 초반 스토리에는 튜토리얼 같은 기능적인 역할이 반드시 포함되어야 한다. 만약 스토리와 튜토리얼 중 하나를 선택해야 한다면 게임 시나리오 작가는 튜토리얼을 택해야 한다. 설명해야 할 내용이 많은 캐릭터 수집형 RPG에서는 튜토리얼로 인해 중간중간 스토리의 흐름이 끊어지는 것이 불가피하다. 그렇지만 최대한 튜토리얼을 스토리에 자연스럽게 녹여내야 한다.

개발 과정에서 일정 지연이나 다른 문제로 인해 배경·캐릭터·연출 등이 취소되는 일도 빈번하다. 그때마다 거기에 맞춰 스토리를 수정해야 한다. 이런 식으로 게임 시나리오 작가에게는 해결해야 할 문제가 끊임없이 주어진다. 흔히 게임 시나리오 작업은 창의적인 일이라고 한다. 하지만 제한된 범위 내에서 창의력을 발휘해야 한다는 점에 주목해야 한다.

거듭 말하지만, 중요한 것은 '게임'이지 '스토리'가 아니다. 게임에서 스토리가 차지하는 비중을 생각해보면 이해하기 쉽다. 스토리는 그래픽이나 사운드처럼 게임을 재미있게 하기 위한 도구다. 소설이나 영화처럼 스토리의 비중이 절대적인 다른 콘텐츠와는 차이가 있다. '어드벤처'처럼 스토리 비중이 높은 장르도 있지만, 게임이 추구하는 경험을 위해 스토리가 필요한 것이라는 사실 자체는 변하지 않는다. 국내에서 주로 만드는 온라인 게임의 스토리는 존 카맥의 말처럼 '있으면 좋지만, 중요하진 않은' 수준이다.

기획적 사고 훈련법

우선 영화 하나를 고른다. 해석의 여지가 다양한 예술영화보다는 상업 영화가 좋다. 영화는 신(scene) 단위로 구성되는데, 각각의 신은 존재 이유가 있다. 그것이 작가가 전달하고자 하는 핵심, '스토리 키워드'다.

그 다음으로 생각해볼 것은 '영화에서 전달하고자 하는 사실이나 의도가 무엇인가?' '어떤 방법으로 전달하려 하는가?'이다. 영화가 스토리 키워드를 어떤 사건을 통해 전달하는지 정리한다. 그냥 영화를 조금 더 주의 깊게 본다는 정도로 생각해도 된다. 일단 영화 한 편만 신 단위로 정리해보자. 한 편만 해봐도 영화 스토리에 대한 이해도가 한 단계 높아졌다는 것을 바로 체감할 수 있을 것이다.

여기서 한 발 더 나아가서, 다른 방법으로 스토리를 전달할 수는 없는지 고민해볼 수 있다. 예를 들이 '주인공이 용자'라는 사실을 전달한다고 가정해보자. 이를 알려줄 수 있는 방법은 다양하다. 대단한 예언가가 주인공을 용자로 지목하거나 주인공이 용자의 상징이 되는 물건을 획득할 수도 있다. 전자는 〈쿵푸팬더〉, 후자는 〈아서왕〉

의 스토리 전달 방법이다. 스토리를 풀어내는 방법은 워낙 많아서 정답이 없다. 그러니 부담 없이 나만의 스토리를 만들어내면 된다.

기획적 사고 훈련법은 간단히 말해 전달할 스토리(문제 정의)와 스토리를 전달하는 방법(문제 해결)을 분리해서 생각하는 습관이다. 별것 아닌 듯하지만, 기획적 사고의 기본 메커니즘과 같다. 영화를 조금 의식해서 보는 것만으로도 기획적 사고를 체득할 수 있다는 건 다행스러운 일이다. 기획적 사고 훈련법의 효과는 아주 강력하다. 스토리의 구조를 파악하는 능력을 기를 수 있을 뿐만 아니라, 스토리 수정을 요하는 여러 상황 앞에서 대처하기도 쉬워진다.

기획자의 사고법: 생각의 말뚝 박기

직접 지어서 다소 날티 나는(?) 이름이지만, 내가 스토리 작업을 하는 방법론이다. 오랜 실무 경험을 통해 검증된 철저하게 기획적인 사고법이기도 하다. 일을 시작한 지 10년 가까이 되자 어느 순간 기획의 개념을 이해하고 적용하고 있는 나를 발견할 수 있었다. 말콤 글래드웰이 주장한 일만 시간의 법칙의 실제 사례라 할 수 있다. 이해를 돕기 위해 스토리 창작으로 설명하지만, 기획적 사고를 필요로 하는 모든 일에 도움이 되리라 본다.

- 첫 번째 단계: 문제 정의

가장 먼저 내가 해결해야 할 문제를 구체화한다. 스토리 작업을 한다면 '어떤 스토리를 만들 것인가?'를 정의한다. 이때 '어떤'이 해결해야 할 문제다. 캐릭터, 스토리, 설정, 테마, 세계관, 요구 사항 등 다양한 요인을 고려한다. 드라마의 PPL도 고려 사항의 일종이다. 드라마 작가라면 재미있는 스토리를 만드는 것은 기본이고, PPL에 적합한 스토리(혹은 세계관)도 만들어야 한다. 요즘 사극이 잘 만들어지지 않는 것은 PPL이 용이하지 않기 때문이다. 게임 초반 스토리에 튜토리얼이 들어가는 것 역시 게임의 요구 사항이 반영된 결과다.

스토리 작업에 영향을 미치는 다양한 요인을 구체적으로 설정할수록 나중에 헤매는 시간이 줄어들기 때문에, 가능한 한 발상의 범위를 제한하는 것이 좋다. 이렇게 문제를 정의하는 순간 생각의 말뚝이 박힌다.

- 두 번째 단계: 관련 자료 수집

첫 번째 단계에서 정의한 문제와 관련된 자료를 수집한다. 자료 수집은 뇌를 자극하는 행위다. 자극은 많을수록 좋아서 가능한 다양한 자료를 접할 필요가 있다.

자료를 수집하는 데 그치는 것이 아니라 제대로 해석할 줄도 알아야 한다. 자료를 수집하면서 충분히 이해하는 단계를 거친다. 이때 맥락을 파악하는 것이 중요하다. 재난 영화의 핵심은 재난 자체가 아니라 재난에 반응하는 인간의 다양한 모습이다. 좀비 영화를 만들고 싶다면 〈부산행〉뿐 아니라 〈해운대〉도 봐야 한다. 두 영화를 비교해보면 캐릭터 구성의 유사성을 발견할 수 있을 것이다.

- 세 번째 단계: 숙성

원하는 스토리가 바로 나오면 다행이지만, 그러지 않을 가능성이 높다. 처음 생각한 스토리는 높은 확률로 재미가 없다. 이럴 때는 스토리에 대한 고민을 잠시 멈추는 것도 하나의 방법이다. 내버려두기만 해도 머릿속에서는 수많은 생각이 떠올랐다 사라지기를 반복한다. 일종의 거리 두기다. 다른 일을 하면서 뇌가 일할 시간을 확보하자. 당장 생각나지 않는 스토리에 대해 고민해봤자 시간만 허비할 뿐이다.

- 네 번째 단계: 문제 해결(아이디어 완성)

숙성 단계를 충분히 거치다 보면 어느 순간 스토리가 완성된다. 엄청난 쾌감과 함께 "유레카!"를 외치게 되는 순간이 반드시 찾아온다. 오랜 숙성 과정을 거쳐 무의식이 만들어낸 결과물은 위대하다. 여기서 반드시 메모하는 것이 중요하다. 영감은 쉽게 찾아오지 않는 만큼 쉽게 사라지기도 한다.

> 느닷없이 떠오르는 생각이 가장 귀중하며, 보관할 가치가 있는 것이다.
> - 프랜시스 베이컨

스토리를 만들다 보면 이런 경험을 정말 많이 하게 된다. 불현듯 떠오른 스토리가 머무는 것은 정말 찰나여서 바로 적어두지 않으면 사라지고 만다. 예전에는 이런 아이디어들의 소중함을 몰라서 많이 잃어버렸지만, 지금은 스마트폰에 저장해두곤 한다. 나중에 봐서 가치가 없다고 판단되면 지워버리면 되니 부담이 없다. 어떤 형태가 되었건 기록은 창작자에게 필수다. 자신만의 기록법을 찾아내자.

두 번째와 세 번째 단계를 거치지 않고 스토리를 완성해도 된다. 그럼에도 무의식중에 일하는 우리 뇌의 특성은 활용하는 것이 좋다. 한 가지 요령은 첫 번째 단계를 최대한 빠르게 시작하는 것이다. 문제를 정의하는 순간 뇌는 일을 시작한다. 뇌를 놀게 하지 말자. 비용이 드는 것도 아니니 가능하면 막 굴리자. 괴롭히다 보면 어느 순간 문제를 해결하는 것이 뇌의 특성이다. (물론 너무 과도하게 쓰다 보면 두통이 오기도 한다.)

일전에 일본어를 활용한 퍼즐 게임이 있다는 사실을 알게 되었다. 그때 '한글로도 퍼즐 게임을 만들 수 있지 않을까'라는 생각을 하게 되었다. 이때부터 '한글 퍼즐'이라는 아이디어는 생각의 말뚝이 되어, 문득문득 떠오르며 나를 끊임없이 괴롭혔다. 그러나 게임 아이디어 공모전을 준비하면서 한글의 창작 원리를 활용한 퍼즐 메커니즘을 떠올렸고, 오랫동안 나를 괴롭혀왔던 말뚝을 뽑을 수 있었다. (지금 보면 허접하지만, 상을 두 번이나 받은 아이디어다.)

지금도 나의 머릿속엔 이런 말뚝이 수도 없이 존재한다. 게임, 보드게임, 드라마, 영화, 웹툰, 소설, 웹소설, 책 아이템, 창업 아이템 등 장르도 아주 다양하다. 아주 천천히 이 말뚝들을 뽑고는 있지만, 회사 일처럼 동기부여(사실은 돈)가 확실하지 않으면 네 번째 단계까지 가기 힘든 것이 현실이긴 하다. 실제로 많은 작가가 돈을 벌기 위해 글을 쓴다고 한다. 당연하다. 그럼에도 언젠가 돈이 될 수도 있는 생각의 말뚝은 많을수록 좋다.

통찰력

직접 경험을 통한 내재화

- 여행

사진으로 수없이 보더라도 직접 가보지 않으면 그 공간의 분위기나 느낌을 알기란 어렵다. 여행과 같은 직접 경험이 의미 있는 이유가 여기에 있다. 드라마화되기도 한 소설 『미스 함무라비』의 매력적인 스토리의 비결은 저자인 문유석 판사의 직접 경험에 있다. 간접 경험은 말 그대로 '간접' 경험이다. 모든 것을 직접 경험할 수는 없기 때문에 아쉬운 대로 간접 경험을 하는 것이라고 봐야 한다.

여행은 수많은 직접 경험 중에서도 아주 특별한 경험이다. 여행의 핵심은 익숙하지 않은 공간에서 다른 생각을 하는 것에 있다. 곧 여행은 뇌를 자극하는 행위다. 꼭 해외여행이 아니어도, 근처 공원을 산책하는 것만으로도 여행이 주는 긍정적인 효과를 어느 정도 누릴 수 있다.

여행은 직접 경험의 예시일 뿐이다. 전시회나 공연도 좋다. 일상적이지 않은 경험이라면 무엇이든 창작자의 자산이 된다. 경험할 수 있는 모든 것을 경험하자. 내재화는 경험의 총량을 늘리는 일이다. 그러다 보면 어느 순간 생각의 밀도가 높아진다.

- 주변 사람 관찰하기

스토리 작법에 관한 오랜 논쟁 중 하나가 플롯 중심의 스토리 작법과 캐릭터 중심의 스토리 작법에 관한 것이다. (플롯이라고 하면 거창하게 느껴지는데, 그냥 스토리 정도로 이해해도 충분하다.) 보통은 좋은 게 좋은 거라는 식으로 플롯과 스토리 모두 중요하다는 결론으로 훈훈하게 마무리된다. 틀린 말은 아니다. 그러나 어쩔 수 없이 둘 중 하나를 선택해야 한다면 당연히 캐릭터여야 한다.

난 영화를 전공하고 영화 시나리오 작법을 공부했다. 그래서 플롯을 중요하게 여겨 실무에도 반영했다. 하지만 게이머들이 반응한 것은 캐릭터였다. 게임에서 캐릭터는 게임 세계를 경험하게 해주는 매개체라는 점에서 생각보다 훨씬 중요하다. 스토리의 기본 원리는 감정이입을 통해 캐릭터에 몰입하도록 하는 것에 있다. IP 게임을 만드는 이유도 인기 캐릭터를 게임에서 활용하기 위해서다. IP 게임에서는 스토리가 수정되더라도 캐릭터가 수정되는 일은 없다. 캐릭터가 수정된다면 엄청난 비난에 시달릴 것이 분명할 뿐만 아니라 해당 IP를 사 온 이유도 사라지기 때문이다. 스토리는 잊힐 수 있지만, 매력적인 캐릭터는 영원히 살아남는다.

내가 생각하는 게임 스토리텔링의 성공 기준은 '게이머들에게 회자되는 캐릭터가 존재하는가?'다. 〈블레이드 앤 소울〉이 스토리텔링에 성공했다고 평가할 수 있는 이유도 캐릭터 때문이다. 국내로 한정한다면 MMORPG에서 진서연 만큼의 존재감을 가진 캐릭터는 드물다. 〈블레이드 앤 소울〉이 '묵화 마녀 진서연'이라는 뮤지컬로 만들어질 수 있었던 것도 그 때문이다. 매력적인 캐릭터를 다양한 상황에 던져놓는 것만으로도 스토리는 거뜬히 만들어진다. 게임에만 해당하는 얘기는 아니다. 스토리의 시작점인 캐릭터는 매체와 상관없이 무조건 중요하다.

셜록 홈스는 작가 코난 도일의 스승인 조셉 벨을 바탕으로 만들어진 캐릭터다. 이런 예는 생각보다 많다. '또라이 불변의 법칙'이 절대 진리로 존재하는 한 내 주변에도 분명 특이한 사람이 있기 마련이다. 이런 사람을 잘 관찰해보자. 평범한 사람도 괜찮다. 비슷해 보이는 사람들도 조금씩 다른 점이 있다. 그 사람을 정의할 필요까지도 없다. 그냥 알고만 있어도 언젠가 캐릭터를 만들 때 참고할 수 있다. 특이한 말투나 습관이 있다면 더 좋다. 사람 관찰은 어떤 현상의 본질을 파악하는 훈련이라는 점에서 통찰력도 기를 수 있다.

한 단계 더 나아간다면, 그 사람의 욕망에 관해 생각해보자. 스토리에 등장하는 모든 캐릭터는 사람과 마찬가지로 욕망 때문에 움직인다. 그리고 각자의 욕망에 따라 다른 행동을 하기 마련이다. 어느 회사에서나 쉽게 볼 수 있는 무능력한 팀장이 있다고 가정해보자. 이 사람은 어찌어찌해서 팀장직을 달았지만, 능력이 떨어진다. 그런 까닭에 이직도 쉽지 않아서 가능하면 이 회사를 오래 다니는 것이 최대 목표다. 그래서 윗선에 잘 보이기 위해 팀원들을 강제로 야근시키거나 사내 정치를 하기도 하고, 아랫사람의 공을 가로채거나 자신의 자리를 위협하는 실력자를 견제한다. 부정적으로 볼 수도 있지만, 생존이라는 욕망에 지극히 충실한 행동이다. 누군가의 행동이 이해되지 않는다면 그 사람의 욕망이 무엇인지 생각해보자. 그러면 어느 정도 이해할 수 있을 것이다.

그다음 단계는 일반적이지 않은 상황에서 어떻게 반응하는지 살피는 것이다. 원래 사람의 본모습은 자신에게 불리할 때 드러난다. 팀이 잘 운영되는 상황에서는 자신의 상사가 어떤 사람인지 알 수 없다. 사람은 누구나 가면을 쓰고 살아가기 때문에 좀처럼 자신을 드러내지 않는다. 그의 본성은 문제가 발생하여 누군가 책임을 져야 할 상황이 되었을 때 드러난다. 이는 여러 스토리에서 등장하는 클리셰이기도 하다. 이제까지 좋은 사람인 줄만 알았던 상사가 책임을 회피할 수도 있고, 나쁘게만 생각했던 상사가 모든 책임을 떠안는 경우도 있다. 재난 영화에서 세상 정의로운 것 같던 캐릭터가 자신만 살겠다고 이기적인 행동을 하는 모습을 떠올려보면 이해하기 쉽다. 극적인 효과를 위해서 초반에 이 캐릭터의 멋진 모습을 보여주어서 후반부의 모습과 간극을 만드는 것이다.

평소에 주변 사람들을 잘 살피자. 일상에서도 드라마틱한 상황은 언제든 발생할 수 있다. 특히 갈등이 일어나는 전후 사정에 관심을 가지면 좋다. 그때 하는 말과 행동에서 그 사람의 본성을 알 수 있다. 실망할 수도 있지만 새로운 면을 발견할 수도 있다.

마지막으로 지금까지 내가 살아오면서 만났던 중 가장 특이한 인물에 관해 이야기하려 한다. 내가 멀리하고 싶었던 사람이기도 하다. 있어 보이게 그를 K라고 지칭하기로 한다. (이유는 모르겠지만, 가칭 K는 수많은 스토리에서 자주 등장하는 표현이다.)

10년도 더 된 일이지만 정확하게 기억하고 있다. 당시 나는 취업을 위해 프로그래밍 교육을 받고 있었다. K는 항상 앞자리에 앉아서 질문하는 사람이었다. 처음엔 그런 K가 성실하다고 생각했다. 그런

데 다른 사람들 말을 들어보니, K는 수업 시간에 야한 사진이나 동영상을 찾고 친해졌다 싶은 사람에게 보내는 방식으로 친분을 과시한다고 했다. 그 얘기를 듣고 자세히 관찰해보니 정말이었다. K와 친해졌다가 이상함을 느끼고 피한 사람이 K로부터 전화를 수십 통이나 받았다는 얘기도 듣게 되었다. 다행히 나는 K와 조가 달라서 엮일 일이 없었다.

그런데 어느 날 의도치 않게 점심시간에 K와 함께 나가게 되었다. 나는 그와 같이 밥을 먹고 싶지 않았기 때문에 괜히 주변을 돌아다녔다. 그러면 K가 내 의도를 알아채고 떠날 것이라고 생각했지만, K는 나를 10분 넘게 쫓아왔다. 어쩔 수 없이 K와 함께 밥을 먹게 되었다. 나는 오징어덮밥을 주문했다. 내가 그날 주문한 메뉴까지 기억하는 이유는 K가 내가 주문한 오징어덮밥의 오징어만 골라서 반찬처럼 집어 먹었기 때문이다. 어이없기도 하고 먹지 말라고 하는 것도 모양이 우스워서 그냥 있었더니 K는 내 오징어를 거의 다 먹어치워버렸다. 그 후로 내가 K를 피해 다니게 된 것은 당연한 일이다.

여전히 K의 행동을 이해할 수 없다. 그저 사회화 과정이 부족했기 때문일 거라고 짐작만 할 뿐이나. K처럼 흥미로운 누군가가 있다면 관찰을 통해 그 사람을 파악하자. 나는 K를 '주변 사람을 불편하게 하지만, 그렇다고 비난하기엔 애매하게 행동하는 사람'으로 정의했다. 그리고 그로부터 간단한 설정 하나를 떠올릴 수 있었다.

'도덕적으로 완벽한 신입 사원이 있다. 그(혹은 그녀)는 흠잡을 구석이 없다. 교과서에 나올 법한 옳은 말과 행동만 하기 때문이다. 그러나 세상과 적당히 타협하면서 사는 사람들은 그가 불편하기만 하다.'

위의 설정으로 만든 스토리는 아래와 같이 시작한다.

어느 작은 회사가 있다. 원래 출근 시간은 9시지만, 사장은 점심시간이 다 되어서야 출근한다. 직원들은 관례적으로 사장이 출근하기 전까지 1층 커피숍에서 커피 타임을 가져왔다. 하지만 이 회사의 신입 사원은 9시 정시부터 일을 시작한다. 누군가 요령껏 하라며 눈치를 주지만 신입 사원은 묵묵히 자기 일을 했다. 처음에 신입 사원을 칭찬하던 이들도 어느 순간 그에 대해 험담하기 시작했다.

어느 날 사장은 미팅 때문에 일찍 출근한다. 사무실을 지키고 있던 이는 신입 사원 하나뿐이었다. 사장이 다들 어디 갔냐고 묻자 신입 사원은 '정직하게' 커피 마시러 갔다고 대답한다. 당연히 사장의 히스테리는 폭발했고 신입 사원을 제외한 모두가 욕을 먹었다. 이날 이후 신입 사원에 대한 은근한 따돌림이 시작되었다.

위 스토리의 또 다른 모티프는 '빛'이다. 빛이 밝을수록 그림자는 강해진다. 누구나 알고 있는 사실이지만 인간사에 적용하면 재미있는 상황이 발생한다. 적당히 타협하고 살아가는 평범한 사람 주변에 도덕적으로 완벽한 누군가가 나타난다면 어떨까? 좋지만은 않을 것이다. 주변 사람들은 그 사람이 도덕적일수록 자신의 부도덕함이 드러나기 때문에 불편해한다. 위 스토리에서 사람들이 신입 사원을 싫어하는 이유도 마찬가지다. 아직 구상 단계지만 의도대로만 완성된다면 괜찮은 스토리가 될 것이라고 기대해본다. (언제 완성될지는 미정이다.)

하퍼 리의 『앵무새 죽이기』도 작가의 주변 인물을 바탕으로 만들어진 소설 중 하나다. 창작자라면 주변 사람을 더욱 사랑스러운 눈길로 관찰할 필요가 있다.

간접 경험을 통한 내재화

- 게임 시나리오 작업과 인문학

최근 인문학에 대한 관심이 높아지면서 인문학을 당연히 공부해야만 할 것 같은 분위기가 되었다. 정말 필요성을 느껴서라기보다는 경쟁을 위한 스펙의 하나가 되어버린 경향이 있다. 서점만 가더라도 인문학에 대해 말하는 수많은 책을 찾아볼 수 있다. 그러나 누군가 인문학이 우리에게 직접적인 도움을 주느냐고 묻는다면 그렇다고 답하기가 쉽지 않다. 『인문학은 밥이다』라는 책도 있지만 모든 이에게 해당하는 말은 아니다.

반면 게임 시나리오 작가에게 인문학은 정말로 밥이 된다. 누구나 대단한 스토리를 만들어낼 수는 있지만 계속해서 만들기는 어렵다. 세상엔 수많은 원 히트 원더(one-hit wonder)가 존재한다. 데뷔작은 수년 내지는 수십 년 동안 고민해서 만든 작품이기에 결과가 좋을 수 있다. 문제는 그런 콘텐츠를 지속해서 만들어낼 수 있어야 한다는 것이다. 그래야 직업인으로 살아갈 수 있다. 게임 시나리오 작가로 오랫동안 살아가려면 인문학이라는 밥을 계속해서 먹어야만 한다.

인문학적 지식이 있으면 스토리에 깊이를 더할 수 있다. 인문학 지식의 효용 가치는 무협물에 등장하는 내공에 비유할 수 있다. 무협 세계관에서는 같은 공격을 하더라도 내공에 따라 위력이 다른데, 내공이 깊을수록 위력도 강해진다. 마찬가지로 비슷한 스토리도 작가의 인문학적 소양에 따라 밀도 차이가 난다. 충실한 자료 조사를 바탕으로 만들어진 시대물에서는 그 시대의 '질감'까지도 느낄 수 있다. 철저한 고증을 바탕으로 만들어진 〈어쌔신 크리드: 오디세이〉는 학습을 위한 교재로 사용될 정도다.

게임의 세계관은 게임 시나리오 작가가 인문학 공부를 해야 하는 가장 큰 이유가 된다. 영화나 드라마의 세계관은 대부분 현실을 기반으로 한다. 배경이 과거라면 과거를 재현해서 그 모습을 찍는다. SF나 판타지물에서는 CG를 사용하지만, 그것조차 우리가 보고 경험하는 세계의 재현이다. 아무리 달라지더라도 지금까지 봐온 세계에서 크게 벗어나지 않는다. 그러나 게임은 모든 것을 새롭게 만들어야 한다. 새롭게 만드는 것뿐 아니라, 만들어진 수많은 요소를 일관성 있게 연결해야 한다. 그 연결의 시작점이 인문학이다. 인문학은 결국 인간의 생각에 대한 학문이어서 분야가 달라도 연결된다.

인문학은 게임 시나리오 작업을 위한 토양에 비유할 수 있다. 토양이 건강할수록 그곳에서 자라나는 농작물의 품질이 뛰어나다. 한편 토양은 소모성이다. 계속해서 품질 좋은 농작물을 생산하려면 거름을 주고 잡초를 뽑아서 토양을 건강하게 유지해야 한다. 스토리 창작 역시 내가 아는 것을 소모하는 작업인데, 그중에서도 인문학 지식이 많이 소모되는 편이다. 일을 그만두는 날까지 인문학 공부를 게을리하지 말자. 그것이 콘텐츠 제작자의 숙명이다. 공부가 싫다면 이 일이 적성이 아닌 것이니 다른 일을 찾아야 한다. 유에서 유가 창조된다는 걸 명심할 필요가 있다.

• 철학의 효용 가치

나는 철학을 '세상을 바라보는 관점'으로 정의한다. 같은 현상이어도 사람에 따라 다른 의미로 받아들이는 것은 철학이 다르기 때문이다. 스토리에서 다양한 캐릭터가 등장한다는 것은 철학이 다른 캐릭터들이 등장한다는 뜻이다. 캐릭터를 구분하는 기준은 캐릭터의 외형이 아닌 사고방식, 즉 철학이다. 갈등도 철학이 상반되는 캐릭터가 동시에 등장하기 때문에 만들어지는 것이다. RPG에서 세상을 파괴하려는 마왕과 세상을 지키려는 용자가 대립하는 근본적인 이유는 철학의 차이다. 결국 캐릭터성은 어떤 현상에 대한 태도에서 만들어진다.

그렇다고 학창 시절 공부하던 것처럼 철학의 개념들을 달달 외울 필요는 없다. 어떤 철학이 다른 철학과 어떤 차이가 있는지만 이해해도 충분하다. 사제관계인 플라톤과 아리스토텔레스만 보더라도 둘의 생각이 다르다. 철학사는 끊임없이 반복되어온 생각 간 갈등의 기록이다. 철학은 당대 사람들의 생각이라는 점에서 역사와도 연결된다.

• 역사의 효용 가치

역사라고 하면 딱딱하고 재미없다고 생각할 수 있다. 그러나 역사를 바탕으로 만들어지는 사극은 인기가 많다. 대표적인 예가 삼국지로 알려진 삼국지연의다. 사실과 허구의 비율이 3 대 7 정도 된다고 생각하는 사람이 많은데, 중국의 삼국지 전문가 심백준은 『다르게 읽는 삼국지 이야기』에서 사실과 허구의 비율을 7 대 3으로 보았다. 삼국지에서 허구라고 생각하는 내용 중 상당수가 (놀랍게도) 사실을 바탕으로 쓰였다. 역사적 사실은 그 자체로 개연성을 가진다는 점에서 활용 가치가 높다.

역사는 반복된다. 반복되는 역사적 사실을 찾는다면 스토리 창작에 활용할 수 있다. 대표적인 예가 당나라의 태종 이세민과 조선의 태종 이방원이다. 시대는 다르지만 두 인물이 처했던 상황은 비슷한 점이 많다. 둘 다 나라를 세우는 데 공이 컸지만, 장남이 아니라는 이유로 제대로 대우받지 못했다. 그러나 역량 자체는 형제들 가운데 가장 뛰어났기 때문에 다른 형제들에게 견제받았으며, 스스로 야심도 있었다. 이런 상황에서 이세민과 이방원이 형제를 죽이게 되는 것은 당연한 결과다. 이런 맥락을 이해한다면 역사적 사실에서 스토리의 패턴을 발견할 수 있는데, 플롯의 개념과 크게 다르지 않다. 허구라고 생각될 정도로 극적인 역사가 생각보다 많다. 적극적으로 활용하자.

• 미술의 효용 가치

미술은 철학과 별개로 분리하여 생각하기 어렵다. 그 시대 사람들의 생각인 '철학'이 '미술'에 반영되는 것은 당연하다. 이런 시대의 흐름 자체가 '역사'다. 『서양미술사』를 쓴 곰브리치는 역사에 관한 책도 저술했다. 『서양미술사』가 미술에 관한 가장 대표적인 책이 된 것은 우연이 아니다. 철학, 역사, 미술을 함께 공부한다면 각각의 학문을 보다 입체적으로 이해할 수 있다.

게임의 세계관이 중세를 배경으로 한다면 게임 내 건축이나 의상 양식 모두 미술과 연관된다. 물론 게임의 중세 세계는 실제 중세 세계와는 다를 수 있다. 그럼에도 실제 역사에 존재하는 중세 세계가 그 바탕이 되는 것은 불가피하다. 따라서 그 시대의 모습을 알려주는 다양한 회화와 건축물의 이미지를 많이 접하면 좋다.

게임 시나리오 작가가 상상할 수 있는 이미지의 한계는 작가 자신의 경험에 따라 달라진다. 미술을 공부하는 것만으로도 생각의 폭이 넓어지고, 그 과정에서 길러지는 미적 감각은 실무에 많은 도움이 된다. 게임 시나리오 작가의 업무 중에는 아트 파트와의 협업이 생각보다 많기 때문에 보는 눈을 높일 필요가 있다.

• 문학의 효용 가치

문학이라고 하면 보통은 소설을 떠올릴 것이다. 사전에서 문학을 찾아봐도 예로 든 분야만 늘어날 뿐 크게 달라지는 것은 없다.

> 사상이나 감정을 언어로 표현한 예술. 또는 그런 작품.
> (시, 소설, 희곡, 수필, 평론 등.)

예전에 영화 시나리오 작법을 배울 때, 심산 선생님은 문학을 '그 시대 사람들에게 가장 인기 있는 대중 매체'로 정의하셨다. 이 논리라면 문학은 시대에 따라 달라진다. 처음 나타난 문학 형태는 시였다. 시는 희곡이 되었고, 희곡은 아주 오랫동안 시대를 지배하는 문학이었다. 소설은 18세기가 되어서야 등장한다. 소설의 등장에는 문맹률 감소와 인쇄술 발달이라는 시대적인 배경이 있었다. 20세기의 문학은 단연 영화다. 영화도 기술의 발달과 더불어 나타난 문학이라는 점에서 시대성을 가진다. 그렇다면 21세기의 문학은 무엇일까? 바로 게임이다. 이런 방식으로 정의하는 것에 대해 다양한 의견이 있을 수 있겠지만, 심산 선생님의 정의대로라면 게임도 문학의 일종이다. 인류의 마지막 문학도 게임이라는 형식에서 크게 벗어나지 않을 것이라 생각한다. (게임은 궁극의 콘텐츠이므로.)

시, 희곡, 소설, 영화, 게임은 스토리와 연결되어 있다. 물론 서정시는 개인의 감상 위주라 스토리 요소가 미약할 수 있다. 게임 중에서도 퍼즐처럼 스토리가 중요하지 않은 게임이 있다. 그럼에도 대부분의 문학은 스토리와 직간접적으로 연결되어 있다. 그렇기 때문에 소설, 만화, 드라마, 뮤지컬과 같은 스토리를 기반으로 하는 콘텐츠는 어떤 식으로건 창작에 도움이 된다. 그냥 많이 접하기만 해도 그 매체의 문법을 어느 정도 이해할 수 있다.

아예 한 분야에서 끝을 보면 더 좋다. 관심 있는 문학 분야 하나를 골라서 즐기면 된다. 그러면 어느 순간 그 매체의 문법을 깊이 있게 이해할 수 있다. 이왕이면 게임이 아닌 다른 매체가 좋다. 소설을 잘 안다면 게임과 어떻게 다른지 비교해볼 수 있다. 그 과정에서 게임의 스토리를 더 잘 이해하게 된다. 게임 시나리오 작가라면 게임만큼 좋아하는 문학이 하나 정도는 있어야 한다.

내가 선택한 문학은 영화였다. 전공까지 했다. 고백하자면 처음부터 좋아한 것은 아니다. 극장은 5년에 한 번 정도 가는 수준이었고, 한 해에 보는 영화는 손에 꼽을 정도였다. 게임에 빠져 있던 나에게 영화는 흥미로운 매체가 아니었다. 그러다 보니 선배나 동기는 물론 후배보다도 영화에 대해 아는 것이 적었다. 무엇보다 영화 경험이 적었다. 그래서 의식적으로 영화를 많이 보려고 노력했다. 개봉한 영화를 보는 것은 물론이고, 영화제도 찾아다녔다. 고전 영화도 어렵게 구해서 챙겨 봤을 정도다. 덕분에 대학교를 졸업할 때까지 1,000편 이상의 영화를 볼 수 있었다. 영화 주간지 읽기도 몇 년간 꾸준히 했다. 이런 노력 덕분인지 어느 순간 영화 보는 눈이 생겨 영화라는 매체를 이해할 수 있었고, 지금 게임 시나리오 작업을 하는 데도 직접적인 도움이 되고 있다.

• 건축의 효용 가치

건축과 게임 시나리오의 접점이 있는가에 대해 의문을 갖는 사람들도 있을 것 같다. 건축에 대해 말하고 있지만, 건축은 인문학 중에서 나에게 가장 익숙하지 않은 분야다. 게임 시나리오 작가가 건축까지 공부할 필요는 없다. 그럼에도 건축에 관심을 가질 필요가 있다고 말하는 이유는 건축에서 중요하게 생각하는 개념이 '공간'이기 때문이다. 공간은 게임 시나리오의 핵심 키워드 중 하나이기도 하다.

모바일 게임이 콘솔이나 PC게임과 비교해 스토리텔링 경험이 좋지 않다는 말을 자주 듣게 된다. 직접 게임을 해보면 누구나 공감할 수 있는 말이지만 왜 그런지 제대로 설명하기는 어렵다. 이때 스스로에게 던진 질문이 'MMORPG의 퀘스트는 왜 재미없을까?'였다. 어려운 문제였고, 답을 찾기까지 오랜 시간이 걸렸다. 그리고 내가 찾은 여러 이유 중 하나가 '공간'이었다.

같은 MMORPG라도 모바일에서 구현되면 콘솔이나 PC와 같은 플레이 경험을 주지 못한다. 그 이유는 필드라는 공간의 존재감이 떨어지거나 아예 없어지기 때문이다. 캐릭터 수집형 RPG에서 필드는 배경이라는 이미지로 소비되고 만다. 그러나 〈가디언 테일즈〉는 다르다. 필드다운 필드가 존재하기 때문에 스토리텔링이 뛰어나다는 평가를 받는다. 이처럼 필드가 스토리텔링에 미치는 영향은 생각 이상으로 크다. 최근에 오픈 월드(open world)[11] 게임이 인기를 끌고 있는 이유도 오픈 월드라는 방향성이 만들어낸 새로운 공간 경험 때문이다.

당장은 아니지만 언젠가 도래할 VR/AR 시대에 '공간'은 더욱 중요해질 것이 분명하다. 미리 관심 가진다고 손해 볼 일은 없다.

• 종교의 효용 가치

종교는 인류의 역사와 함께했다. 과거보다 영향력이 줄어들었다고 하지만, 여전히 종교가 우리에게 미치는 영향은 크다. 가능하면 게임 시나리오에 특정 종교와 관련된 내용을 포함하지 않으려 하는 편이다. 그럼에도 세계관을 설정하는 과정에서 자연스럽게 종교나 종교적인 설정을 활용하게 되는 것은 어쩔 수 없다. 게임에서 가장 인기 있는 세계관은 중세인데, 중세를 종교 없이 설명하긴 어렵기 때문이다. 또 초월적이고 절대적인 존재에 대한 믿음은 인간이라면 누구나 가질 수

---

11   플레이어가 자유롭게 이동하는 가운데, 플레이어를 둘러싼 환경이 변화하는 게임을 말한다.

있는 생각이다. 상식으로 설명할 수 없는 모든 초자연적인 현상도 종교 논리로는 설명할 수 있다.

특정 종교의 교리에 집중하기보다는 인문학적인 관점에서 맥락을 이해하면 된다. 종교를 믿는 사람들이 세상을 보는 관점을 정리한 내용이 그 종교의 교리다. 일종의 철학이다. 여기서도 인문학의 다양한 분야가 서로 영향을 미칠 뿐만 아니라 연결되어 있음을 알 수 있다.

스토리에서 가장 많이 활용되는 종교는 기독교다. 기독교 세계관을 바탕으로 만들어진 '다빈치 코드'는 소설과 영화 모두 전 세계적인 흥행을 기록했다. 요한 묵시록을 소재로 하는 경우도 많다. 게임으론 〈파크라이 5〉, 영화는 〈사바하〉가 있다.

이슬람교는 국내에서 인기 없는 분야인데, 자주 듣는 세계사 팟캐스트 채널이 다루고 있어서 조금씩 알아가는 중이다. 이슬람교는 다른 종교와 달리 정교일치라는 점이 흥미로웠다.

종교는 과학과 대척점에 있다. 종교는 과거 과학을 탄압했지만, 지금은 과학의 시대가 되었다. 그러나 세계가 멸망하기라도 한다면 다시 종교의 시대가 될 가능성이 있다. 아포칼립스 세계관에서 종교와 관련된 내용을 많이 다루는 것도 이 때문이다. 종말이 왔을 때, 절대적인 뭔가에 기대고 싶어 하는 것은 인간의 본성이다.

지금은 과학이 유일한 진리처럼 되어가고 있지만, 종교를 이해하려는 노력은 필요하다. 종교가 인류사에 크나큰 영향을 끼쳐왔다는 것은 분명한 사실이니 잘 활용한다면 훌륭한 스토리 창작 도구가 될 수 있다. 종교 자체에 거부감을 가질 수도 있지만, 알아둔다면 유용하게 활용할 수 있다.

- 기술 습득: 스토리 작법 공부

게임 시나리오 작가의 최종 결과물은 텍스트 형태라는 점에서 평가절하되는 측면이 있다. 언젠가 게임 개발자 커뮤니티에서 '게임 시나리오 작가 나부랭이'라는 표현을 본 적도 있다. 그들 입장에선 특별한 기술도 없이 텍스트 작업만 하는 게임 시나리오 작가가 별 볼 일 없어 보였을 수도 있다. 그럼에도 게임 시나리오 작가가 내세울 수 있는 기술을 꼽으라면 스토리 작법이다.

> 스토리를 창작하고 싶어서 스토리 작법서를 보지만, 그 스토리 작법서를 이해하려면 창작 경험이 있어야 한다.

내가 생각하는 스토리 작법서의 아이러니다. 언뜻 무용하다는 뜻 같지만, 다르게 생각하면 실무자에게는 많은 도움이 될 수 있다는 말도 된다. 공부할수록 스토리 작법 기술이 느는 것을 느낄 수 있다. 다만 스토리 작법서의 내용을 무비판적으로 받아들여서는 안 된다는 점을 주의해야 한다. 스토리 작법서의 저자들은 모두 자기 방법이 정답이라고 말한다. 그러나 누군가에게 정답인 방법이 나에게는 정답이 아닐 수도 있다는 점을 항상 기억해야 한다. 나만의 스토리 작법을 완성하는 것을 궁극적인 목표로 하자.

　나는 스토리 작법과 관련된 책이 출판되었다는 소식을 들으면 웬만해선 구매하는 편이다. 연극, 소설, 만화, 드라마, 영화 등 매체는 전혀 가리지 않는다. 매체에 따라 더 적합한 스토리가 존재할 수는 있지만, 스토리를 만드는 기본 원리는 모두 동일하기 때문이다. 그냥 매체마다 스토리를 전달하는 방법이 다를 뿐이다. 굳이 선택한다면 게임과 가장 유사한 영화 쪽이 좋다. 스토리 작법서의 대부분은 영화를 기반으로 한다. 영화는 상업적인 가치가 높을 뿐만 아니라 '예술'로도 인정 받았다 보니 이론적인 연구가 많이 진행된 측면이 있다.

　스토리 작법서를 읽기만 해도 충분히 공부가 된다. 나는 책을 처음 샀을 때 읽고, 작업하다가 시간이 남거나 아이디어가 떠오르지 않을 때 다시 읽는다. 이론서의 특성상 처음 읽으면 어려운 내용이 많아서 한 번에 이해하려 하는 건 시간 낭비다. 책의 내용이 제대로 들어오는 건 두 번째 읽을 때부터이며, 그때부터 진짜 공부가 된다. 눈에 들어오는 내용이 있다면 밑줄을 긋거나 해서 표시해두자. 그러면 다음에 읽을 때 주목해서 보게 된다. 암기할 필요도 없다. 읽을 때마다 의미를 한 번씩 곱씹어보기만 해도 충분하다. 이런 과정을 반복하면 스토리 보는 눈이 길러지면서 스토리를 구조적으로 파악할 수 있게 된다. 스토리의 문제점이 보이고 어떻게 개선해야 할지도 자연스럽게 알 수 있다.

스토리 작법을 익히는 또 다른 방법은 강연이다. 관심을 가지고 찾아보면 스토리 작법에 도움이 되는 강연은 생각보다 많다. 특히 콘텐츠진흥원에서 주최하는 강연은 무료일 뿐만 아니라 수준도 높다. 강연자의 인사이트 하나만 얻어가도 엄청난 이득이다. 운이 좋으면 질문까지 할 수 있다는 것도 강연만의 장점이다.

- 비판적 기사 읽기를 통한 훈련

통찰력을 기르는 가장 좋은 방법은 독서다. 하지만 이는 누구나 다 아는 것이니 다른 방법을 알려주겠다. 바로 기사 읽기다. 그냥 읽는 것이 아니라 비판적으로 읽는 것이다. 독서와 맥락은 비슷하지만, 훨씬 부담 없이 재미있게 할 수 있다는 장점이 있다.

우리는 하루에도 수많은 기사를 접한다. 그 기사를 그대로 믿어서는 안 된다. 같은 사실을 놓고서도 의도에 따라 완전히 다른 기사를 쓸 수 있다. 특히 정치와 관련된 기사라면 더더욱 그렇다. 인터넷에는 가짜 뉴스라 불리는 수많은 무의미한(쓰레기 같은) 기사들이 존재하므로 기사에서 다루는 현상의 본질이 무엇인지 생각해야 한다. 사실과 의견을 구분하고 그 의견이 적절한지 판단하는 습관을 기르자.

가능하다면 댓글도 읽어보자. 사람들의 다양한 생각을 확인할 수 있다. 다양한 의견에 동조하거나 반대할 수 있겠지만, 이 역시 비판적인 관점에서 바라보자. 중요한 것은 끊임없이 생각하는 데 있다.

댓글 읽기는 소요 시간에 비해 많은 생각을 하게 해주기 때문에 짧은 시간에 통찰력을 기를 수 있다는 장점이 있다. 댓글을 달고 사람들의 반응을 지켜봐도 된다. 넓은 관점에서 본다면 댓글도 하나의 콘텐츠이니, 댓글 쓰는 것 역시 가벼운 창작 활동으로 볼 수 있다. 그렇다고 댓글에 민감하게 반응하지는 말자.

다양한 정보를 얻을 수 있다는 것도 기사 읽기의 장점이다. 게임 시나리오 작가라면 세상이 어떻게 돌아가는지, 사람들이 뭘 좋아하고 어떤 생각을 하는지 알 필요가 있다. 온라인 게임을 만든다면 더욱 트렌드에 민감해야 한다. 작업하다 막혔을 때나 쉴 때 기사 몇 편 읽는 것만으로도 충분하다.

문제 해결

콘텐츠 소비

스토리를 창작하는 사람이라면 콘텐츠를 많이 접해야 한다. 무라카미 하루키는 소설가가 되고 싶으면 소설을 많이 읽으라고 했다. 다른 매체의 전문가들도 같은 말을 한다. 영화감독은 영화를, 만화가는 만화를 많이 보라고 한다.

창의적인 스토리를 만들기 위해서는 기존 스토리를 접하지 않아야 한다고 주장하는 사람들도 있다. 그럴듯한 말 같지만 완벽한 궤변이다. 새로운 것을 뜻하는 창의(創意)라는 말에는 '기존에 없던 것'이라는 의미가 내포되어 있다. 기존에 무엇이 있었는지도 모르는 상태에서 새로운 것을 만들어낼 수는 없다. 새로운 것이 무엇인지에 대한 판단 기준 자체가 없기 때문이다.

일단 많이 즐기자. 그 과정에서 스토리 보는 눈을 기를 수 있다. 내가 만들어낸 스토리가 좋은지 나쁜지를 객관적으로 판단할 수 있게 되는 순간 실력은 최소 한 단계, 많게는 몇 단계 상승한다. 본인의 창작물을 보고 자괴감이나 부끄러움을 느낄 수 있다면 기뻐하자. (기념으로 소고기나 오마카세를 사먹도록 하자.) 최소한 좋은 스토리에 대한 감은 있다는 의미다. 이때부터 고쳐쓰기를 통해 나오는 결과물의 완성도가 급격하게 상승한다.

시나리오 비중이 높은 게임을 플레이하는 것도 좋지만, 드라마나 영화를 많이 보는 것도 좋다. 소설보다 드라마와 영화가 게임 시나리오 작가에게 더 도움이 되는 이유는 둘 다 시각 매체이기 때문이다. 또 구체적인 사건 형태로 스토리를 전달한다는 점에서 드라마보다 영화가 게임에 가깝다. 같아 보이지만 드라마의 연출과 영화의 연출은 분명 다르다. 드라마 연출이 대사 위주라면, 영화 연출은 영상 위주다.

　나는 게임을 하면서 국내에서 만든 드라마도 같이 보는 편이다. 대사가 우리말이어서 소리를 들으면서 영상을 간간이 보는 것만으로도 스토리를 이해하는 데 어려움이 없다. 반면 영화는 영상을 통한 스토리텔링의 비중이 높아서 대사만으로는 스토리를 완전히 이해하기 어렵다. '드라마 같은 영화'는 욕을 먹지만, '영화 같은 드라마'는 칭찬을 받는다. 영화에서는 대사보다 영상으로 스토리를 전달하는 것이 한 단계 높은 수준의 스토리텔링이다. '설명하지 말고 보여줘라'라는 스토리 작법이 여기에도 적용된다.

　설명하기=대사=드라마의 문법
　보여주기=영상=영화의 문법

　최근에는 '영화 같은 드라마'가 늘어나면서 드라마와 영화의 경계가 모호해지고 있지만, 게임 시나리오 작가에게는 역시 드라마보다 영화다. 시각화된 사건으로 스토리를 전달하는 영화의 문법이 게임과 더 맞다. 스토리 작법 이론이 가장 발달한 매체 역시 영화다. GOTY 수상작의 특징은 콘솔 게임이라는 것인데, 스토리를 전달하기 위해 많이 사용하는 컷 신은 영화의 한 장면과 다르지 않다. 영화의 문법을 잘 알면 컷 신을 구성할 때도 도움이 된다. 영화, 정확히는 영상에 익숙해진다면 스토리만 봐도 컷이 자연스럽게 떠오른다. 무엇보다 영화는 두 시간이라는 짧은 시간에 완결된 스토리를 경험할 수 있다는 점에서 효율이 좋다.

영화 보기의 장점을 이야기했지만, 그렇다고 게임 플레이를 게을리해서는 안 된다. 만들고 있는 장르의 대표적인 게임과 같은 장르에서 최근 인기 있는 게임을 플레이해보는 것은 필수다. 요령은 두 게임에 어떤 차이가 있는지 살펴보는 것이다. 얼핏 비슷해 보일 수 있지만, 분명 차이가 존재한다. 그 이유를 생각하다 보면 해당 장르에 대한 이해도가 높아진다.

드라마와 영화를 보는 방법

이왕 드라마와 영화를 본다면 조금이라도 게임 시나리오 작업에 도움이 되는 방법으로 볼 필요가 있는데, 그러려면 3막 구조의 개념을 알아야 한다. 3막 구조는 처음, 중간, 끝으로 구분되는 스토리의 가장 기본적인 구조다. 아는 사람도 있겠지만 3막 구조를 다음에 나올 [그림8]과 같이 간단하게 설명할 수 있다.

상업적인 스토리라면 예외 없이 이 틀이 유지된다. 간혹 벗어나는 경우는 상업성을 포기했거나 작가의 역량이 떨어지거나 둘 중 하나다. 최근에 본 소설, 드라마, 영화를 떠올려보자. 3막 구조를 따르고 있음을 알 수 있을 것이다. 학창 시절 열심히 공부했다면 소설의 '발단-전개-위기-절정-결말'이 생각날지도 모르겠다. 이를 5막 구조라 할 수 있는데, 3막 구조가 세분되었을 뿐이다. 기승전결의 4막 구조 역시 3막 구조가 세분된 형태다.

드라마나 영화를 보면서 3막 구조를 생각해보자. 1막에서 스토리의 세계가 어떤 곳인지, 주인공은 어떤 캐릭터이며 어떤 갈등을 겪는지를 확인한다. 2막에선 클라이맥스까지의 사건 연결이 자연스럽고 단계적인지를 확인한다. 3막에선 클라이맥스 이후 주인공과 주변 캐릭터의 변화가 적절한지 확인하다. 이게 전부다. 1막과 2막의 구분이 헷갈릴 수도 있는데, 스토리가 본격적으로 재미있어지는 지점이라고 생각하면 이해가 쉽다. 〈반지의 제왕〉에선 프로도가 반지를 파괴하기 위해 고향 마을을 떠난다. 일상에서 벗어나 본격적인 모험이 시작되는 지점을 경계로 1막과 2막이 나뉜다.

1막(처음) - 세계관, 주인공, 주인공의 갈등 확인
2막(중간) - 1막 이후 클라이맥스의 사건까지의 연결 흐름이 단계적인지 확인
3막(끝) - 클라이맥스 이후 주인공과 주변 인물의 변화가 적절한지 확인

분석하기 위해 드라마 전체를 보기는 쉽지 않다. 이럴 때는 1~2회까지만 봐도 충분하다. 클라이맥스가 가장 중요하다고 생각하기

1막(처음)	- 세계관, 주인공, 주인공의 갈등을 소개함. - 스토리 안 세계의 균형이 깨지면서 갈등이 시작됨.
2막(중간)	- 본격적인 스토리가 진행되며, 주인공이 갈등을 해결하는 과정을 보여줌.
3막(끝)	- 갈등이 어떻게 해결되었는지를 보여줌. - 스토리 안 세계가 1막이 시작했을 때와 같은 균형을 찾음.

[그림8]
3막 구조 (『이론과 실전으로 배우는 게임 시나리오』(한빛미디어, 2018) 인용)

제4장 어떻게 성장할 것인가?

쉽지만 스토리 작법에서 가장 중요한 것은 1막이다. 높은 확률로 드라마는 1~2회 때의 시청률을 유지한다. '용두사미'라 불리는 드라마도 시청률은 높다. 초반에 몰입한 시청자는 웬만해선 끝까지 본다. 관성의 법칙이 작용하기 때문이다. 영화의 몰입도 역시 초반 10분에 결정된다. 용두사미는 욕이 아니라 칭찬이다. 내가 질 모르는 드라마나 영화를 계속 볼지를 결정하는 기준 역시 1막이다. 스토리 창작의 대가들은 절대 1막을 놓치는 실수를 하지 않는다. 그러니 이왕이면 1막을 집중해서 볼 필요가 있다.

3막 구조를 의식하면서 드라마와 영화 보는 시간을 늘려가자. 그러다 보면 의식하지 않아도 3막 구조를 갖춘 스토리만 만들게 될 것이다. 3막 구조는 게임 시나리오 작가가 반드시 내재화해야 하는 개념이다.

나만의 DB 구축하기

나는 작업을 위한 개인 DB를 가지고 있다. 영화, 소설, 게임, 드라마, 책, 역사적 사실 등에서 작업에 활용할 만한 거리들을 모은 것이다. DB라고 말하니 거창해 보이지만 그냥 메모다. 우리가 접하는 콘텐츠 중 실패하기 위해 만든 것은 없다. 잘 드러나진 않더라도 성공을 위한 고민이 담겨 있기 때문에, 설령 실패한 콘텐츠라 해도 그 안에서 번뜩이는 뭔가를 발견할 수 있다. 그런 요소들을 사건, 캐릭터, 설정, 장치 네 가지로 분류한다. 작업하다가 막히는 순간 이렇게 정리해둔 요소들을 살펴보면 영감을 얻을 수 있다.

1. 스토리(사건)
   스토리의 맥락은 사건 간 연결을 통해 만들어진다.
2. 캐릭터
   매력적이라고 생각되는 캐릭터가 있다면 정리한다.
3. (캐릭터 또는 세계관) 설정
   설정 자체가 기발한 경우가 있다.
4. 장치 및 도구=문제 해결 방식
   일종의 트릭을 말한다. 예를 들어 장님인 주인공이 적을 상대한다고 가정해보자. 주인공이 갈등을 해결하는 방법은 다양할 수 있지만, 가장 좋은 방법은 주인공의 단점을 장점으로 만드는 것이다. 가령 빛이 없어서 서로를 못 보는 상황이 되면, 보이지 않는 상황에 익숙한 주인공이 유리해진다. 예시로 든 내용은 영화 〈블라인드〉의 한 장면이다. '단점을 장점으로 전환하기' 정도로 정리하고, 상세한 내용을 덧붙이면 된다.

실제 활용 사례

MMORPG는 기본적으로 많은 퀘스트가 필요하다. 이런 경우 퀘스트를 만들 때 선택과 집중을 한다. 이때 선택과 집중의 대상이 되는 건 당연히 메인 퀘스트다. 만드는 입장에선 게이머가 반드시 진행해야 하는 메인 퀘스트에 공을 들일 수밖에 없다. 반면 서브 퀘스트는 상대적으로 대충 만들게 되는데, 나는 이런 문제를 어떻게 해결할 수 있을지 고민했다. 그때 찾은 방법이 '모티프(motif) 콘텐츠'를 활용한 퀘스트 제작이었다.

아주 간단한 방법이다. 나는 그동안 정리해둔 DB를 활용해서 스토리 구상에 드는 시간을 단축했다. 사실 우리가 경험하는 스토리는 거기서 거기다. 하늘 아래 완전히 새로운 것은 없다. 다만 약간의 변화를 더할 뿐이다. 그러면 새로워진다. 시간과 공간만 달라져도 완전히 새로운 스토리처럼 느껴진다. 〈스타워즈〉나 우리가 흔히 아는 판타지의 용자물은 구조적으로 같은 스토리다. 캐릭터가 달라져도 된다. 〈노팅힐〉은 남녀 역할이 바뀐 신데렐라 스토리다. 약간 변화를 주는 것만으로도 전혀 다른 스토리가 될 수 있다. 수많은 로맨틱 코미디의 원형은 '미녀와 야수'다. 전혀 다른 두 남녀가 만나 결국 사랑하게 된다는 스토리는 식상하지만 끊임없이 반복되고 있다.

검증된 스토리, 캐릭터, 설정, 장치를 많이 아는 것은 그만큼 도구가 많다는 뜻이다. 어떻게 활용하는가는 작가의 몫이다. 맥락을 제대로 파악하는 작가라면 유용하게 활용할 수 있다. DB를 활용한 작업 방식은 효과가 탁월해서, 내 경우 일정을 한 달이나 앞당길 수 있었다. 그렇다고 완성도가 떨어진 것도 아니어서 반응도 좋았다. 이후에 지역이 리뉴얼되면서 당시 내가 만든 퀘스트도 사라졌는데 아쉬워하는 게이머가 많았다. DB를 활용한 게임 시나리오 작업은 실무에서 효과적으로 활용할 수 있다. 따라서 평소에 DB를 잘 구축해둔다면 필살기가 될 수 있다.

시각화(visualizing)

많은 제작비를 들이고도 실패한 게임에 대해 쏟아지는 비판 중 하나가 "그 돈으로 회식했냐?"다. 실제로 게임 제작비의 대부분은 인건비다. 제작비를 아끼는 가장 좋은 방법은 적은 인원으로 빠르게 만드는 것이다. 이틀 할 작업을 하루 만에 끝낸다면 작업자의 하루 일당만큼의 비용을 절감할 수 있다. 같은 이치로 재작업은 금전적인 손실과 직접적으로 연결된다. 작업자의 사기까지 떨어뜨리기 때문에 피할 수 있다면 피하는 것이 좋다. 그렇게 하기 위해 필요한 것이 바로 '시각화'다.

게임 시나리오 작업을 하면서 가장 중요하게 생각하는 원칙 중 하나가 '구체화할 수 있는 스토리를 만드는 것'이다. 이런 노력 덕분에 내가 머릿속으로 구상한 스토리와 게임에서 구현된 스토리는 간극이 적은 편이다. 처음 구상하는 데 시간이 많이 들 수는 있지만, 재작업 가능성은 현저히 줄어든다. 나는 운 좋게도 영화 연출을 전공했기에 스토리를 어떻게 시각화할지에 대한 감이 있었고, 실무 경험을 쌓으면서 이 능력은 더욱 발전되었다.

영화의 기본적인 방향성은 보는 이들이 대사 없이도 스토리를 이해할 수 있게 하는 것이다. 그렇다고 대사가 필요 없다는 의미는 아니다. 영상으로 스토리를 전달하는 것이 더 영화적이고 영화의 문법에 잘 맞는다는 의미다. 영화에서 대사가 많아지면 영화가 아니라 드라마에 가까워진다. 같은 맥락에서 주인공 내면의 목소리를 들려주는 내레이션도 가급적 피하는 것이 좋다. 내레이션은 잘 활용하면 좋은 도구가 될 수 있지만, 영상이 아니라는 점에서 결국 영화의 문법은 아니다. 이런 이유로 영화 시나리오 작법에선 가급적 내레이션을 사용하지 말라고 가르친다.

영화 문법에 잘 맞는 기법의 예를 들어볼까 한다. 〈1987〉에서 연희의 헤드셋은 세상의 소리에 귀를 닫고 있는 연희의 심리 상태를 보여주는 도구라 할 수 있다. 내면조차 시각적으로 보여주어야 하는 것이 영화의 문법이다. (전문 용어로는 '내면의 외면화'라고 한다.) 영화적인 스토리텔링은 결국 시각화에 대한 것이다. 그렇기 때문에 영화를 통해 시각화에 대한 감각을 익힐 수 있다. 게임 시나리오 작가에게 영화 보기를 추천하는 이유는 그 때문이다.

시각화 훈련법

가장 좋은 방법은 직접 영화 시나리오를 쓰고 촬영하고 편집까지 해보는 것이다. 프리 프로덕션, 프로덕션, 포스트 프로덕션까지 영화제작 전 과정을 모두 경험하는 것만큼 좋은 일은 없다. 지금은 스마트폰만 있어도 영화를 찍을 수 있는 환경이 조성되었다. 또 습작인만큼 비용과 시간, 노력도 많이 들지 않는다. 그럼에도 현실적으로 영화를 찍는다는 건 정말 쉽지 않다. 생각만큼 뚝딱 만들어지진 않을 것이다. 그래서 대체할 방법을 알려주려 한다.

- 1단계: 기본 훈련

영화과 3, 4학년은 학기 중에 단편영화를 찍는다. 딤딩 교수님께 시나리오를 제출해서 선정되면, 스태프를 모아서 촬영에 들어간다. 완성한 영화는 학기 말 열리는 영화제에서 상영된다. 이때 상영되는 단편영화의 시나리오는 영화과 학생이라면 누구나 볼 수 있게 공개된다. 나는 항상 영화제 전에 미리 시나리오를 읽고, 그 시나리오가 어떤 방식으로 구체화될지 상상해보곤 했다. 그때는 몰랐지만 나도 모르게 시각화 훈련을 하고 있었던 것이다.

나중에는 똑같은 방식으로 상업 영화 시나리오를 읽었다. 이 정도는 누구나 할 수 있다. 반복하다 보면 스토리와 이미지를 함께 생각하게 된다. 시각화의 개념을 익히기에 이보다 간단하고 효과적인 방법은 없다. 그러나 영화 시나리오 자체가 재미있는 글은 아니라서 익숙해지기 전까지는 힘들 수 있다.

- 2단계: 심화 훈련

게임 시나리오 작가가 만들고 있는 게임 시스템에 대해 제대로 이해하지 못하고 있다면 회사가 원하는 결과물을 만들어내기 어렵다. '게임을 모르는 게임 시나리오 작가'는 기획자들이 가장 협업하기 어려워하는 유형이다. 이때 게임을 모른다는 말은 스토리를 게임으로 구체화하는 감이 없다는 뜻이다.

이런 반쪽짜리 게임 시나리오 작가가 되지 않으려면 어떻게 해야 할까? 게임이 아닌 다른 매체의 스토리를 게임 시나리오로 각색하는 연습을 하면 된다. 잘 알고 있는 소설, 웹툰, 영화를 게임으로 만든다고 가정하고 스토리를 다시 써보는 것이다. 게임 시나리오 작가 지망생이나 초보 게임 시나리오 작가라면 소설의 글쓰기에 익숙해져 있을 확률이 높다. 그러나 같은 내용도 소설에서는 한 문장으로 전달할 수 있지만, 게임에서는 그렇지 않거나 아예 전달 불가능할 때가 많다. 소설을 원작으로 했다는 영화가 원작과 많은 차이를 보이는 것도 각색 과정을 거치기 때문이다. 소설과 영화는 스토리를 기반으로 한다는 점은 같지만, 매체의 문법은 완전히 다르다. 시간 날 때마다 [그림10]과 같은 단계로 연습해보자. 생각만큼 쉽지 않다는 걸 알 수 있을 것이다.

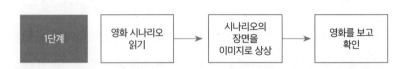

[그림9]
시각화 훈련 1단계

[그림10]
시각화 훈련 2단계

게임 시나리오 작가 지망생의 포트폴리오를 보면 구체적인 사건 없이 설정만 존재하거나 사건이 있더라도 게임으로 구현하기 어려운 경우가 많다. 하지만 게임의 스토리는 사건 위주로 전개되어야 한다. 사건이라는 구체적인 행위가 플레이로 연결하기 쉽기 때문이다. 수많은 스토리 작법서가 강조하는 '설명하지 말고 보여줘라'가 여기서도 적용된다.

게임 시나리오 작가의 역량을 향상하는 가장 좋은 방법은 직접 게임을 만드는 것이다. 그러나 지금 설명한 두 가지 방법만으로도 충분하다. 시각화는 게임 시나리오 작가의 핵심 중 핵심 역량이다. 부족하다 싶으면 꾸준히 훈련해야 한다. 게임 시나리오 작가와 소설가를 구분하는 기준은 '시각화의 개념을 이해하고 이를 적용한 스토리를 만들 수 있는지 여부'다.

도식화 훈련

게임 시나리오는 다른 작업자를 이해시키기 위한 문서다. 게이머가 텍스트를 읽지 않는 것과 마찬가지로 작업자 역시 텍스트가 많은 문서를 싫어한다. 우리나라 사람들의 연평균 독서량은 8권밖에 되지 않는다. 함께 일하는 동료가 그 평균마저 까먹고 있을 확률도 대단히 높다. 기획서를 제대로 읽지 않고 이야기만 듣고 작업하는 프로그래머도 존재한다. 따라서 게임 시나리오 작가는 내용을 정확하게 전달할 수 있으면서 최대한 짧은 문서를 작성해야 한다. 이를 위해 필요한 것이 도식화다. 텍스트만으로 표현하기보다는 도식을 활용해서 작업자가 한 번에 이해할 수 있도록 하는 것이 좋다.

도식은 '정보를 체제화하고 해석하는 인지적 개념 또는 틀'을 말한다. 회사나 팀마다 다르겠지만, 대개 자신이 맡은 파트의 일만으로도 벅차서 게임 시나리오를 완전하게 이해하고 작업하기가 쉽지 않다. 게임 시나리오 작가조차 스토리나 설정을 헷갈리거나 놓치기도 한다. 도식은 텍스트보다 한눈에 들어오는 편이라 빠르게 파악할 수 있어서 활용 가치가 높다.

예로 들 수 있는 것이 그레마스의 행위자 모델을 변형한 '캐릭터-스토리 모델'이다. 이 도식 하나만 있으면, 캐릭터의 목적을 한 번에 알 수 있다. 캐릭터가 주인공이라면 캐릭터-스토리 모델의 내용은 전체 스토리가 된다.

나만의 스타일일지도 모르지만, 게임 시나리오 작업을 하다 보면 의외로 도식 그릴 일이 많다. 이를테면 빈 종이에 생각나는 것들을 끄적이다 그것들을 연결하는 식으로 초기 구상을 하곤 한다. 캐릭터가 추구하는 목적이 무엇인지, 각 캐릭터들이 서로 어떤 관계를 맺고 있는지, 사건의 인과관계는 무엇인지 등을 가장 먼저 고민한다.

종이에 쓰다가 내용이 어느 정도 확실해지면, 플로우 차트를 그릴 수 있는 툴을 활용해 정리한다. 두 단계를 거치면서 생각이 정리되어 개연성도 높아진다. 얼핏 낙서처럼 보이는 도식에 살을 붙이면서 게임 시나리오로 발전시켜나가는 것이다. 게임 시나리오는 다음에 나올 [그림11]과 같은 간단한 도식에서 시작된다.

게임 시나리오 작업에서 도식화를 중요하게 생각하게 된 이유는 기획자로 일한 경험 때문이다. 기획 업무는 특성상 다른 파트 작업자들과의 협업이 필수적이기에 기획서를 잘 쓰는 것이 중요하다. 이때 기획서를 잘 쓴다는 의미에는 뛰어난 기획을 하는 것 외에도 누구나 이해할 수 있는 기획서를 쓰는 일이 포함된다. 내가 기획서에서 특히 중요하게 생각하는 것은 기획 의도와 전체 흐름을 파악할 수 있는 도식이었다. 같은 내용이라도 플로우 차트로 표현하면 훨씬 쉽게 설명할 수 있다. 게임 시나리오라고 해서 크게 다르지 않다. '게임의 세계가 어떤 곳인지'와 '주인공이 어떤 이유로 모험을 떠나는지'만 도식으로 정리되면 누구나 전체 스토리를 파악할 수 있다.

도식화에 익숙해지기 위해서는 연습장과 볼펜 하나만 있으면 충분하다. 우선 머릿속에 떠오르는 것들을 모두 적는다. 많이 고민하지 말고 그냥 전부 적어보자. 문장이 될 수도 있고, 단어가 될 수도 있다. 편하게 브레인스토밍한다고 생각하면 된다. 이때 적는 내용은 작업을 위한 키워드다. 이렇게 나열된 키워드들을 보고 있으면 사건

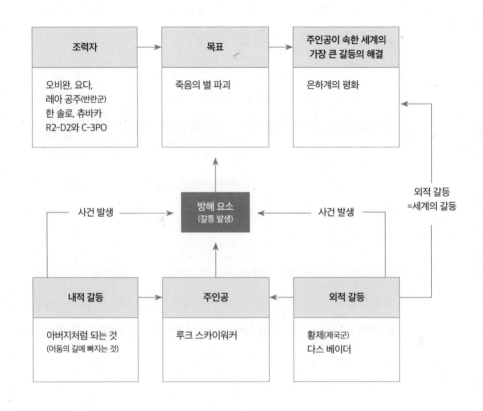

[그림11]
도식 예시: 캐릭터-스토리 모델 (『이론과 실전으로 배우는 게임 시나리오』(한빛미디어, 2018) 인용)

제4장 어떻게 성장할 것인가?

의 연결과 캐릭터의 관계가 자연스럽게 떠오른다. 그 연결 고리를 화살표와 같은 선으로 연결하고, 필요하다면 설명을 보충하는 식으로 정리한다. 도식화라고 하면 어렵게 느껴질 수 있지만 사실 이게 전부다. 도식화 과정을 통해 생각을 정리한 다음, 본격적인 작업에 들어가면 된다. 세부 사항은 나중에 보강하면 되니 처음부터 생각할 필요는 없다.

1. 작업과 관련된 키워드(단어, 문장) 나열
2. 나열된 키워드에서 연결 고리 찾기

방법 자체는 매우 간단하므로 익숙해지기만 하면 된다. 전체적인 흐름을 정리한다면 이후의 작업은 너무나 쉬워진다. 복잡한 스토리도 도식이 있다면 쉽게 이해할 수 있다. 드라마나 영화의 캐릭터 관계도가 대표적인 예다. 습관적으로 스토리를 도식화하려고 노력하자. 스토리를 구조적으로 파악하는 역량도 자연스럽게 길러진다는 점에서 장점이 많다.

여기서 더 나아가 플로우 차트를 그리는 툴을 사용하면 좋다. 요즘엔 웹 기반 툴이 잘 나와 있어서 본인에게 맞는 걸 선택하면 된다. 수기로 작업한 것을 툴에 저장해두면 나중에 필요할 때마다 활용할 수 있다. 생각을 정리하게 되는 효과도 있다. 도식화는 게임 시나리오 작업의 효율을 높일 수 있는 강력한 도구다. 익숙해질 필요가 있다.

코어 스캔(core scan)

코어 스캔은 콘텐츠의 특성을 파악해서 '핵심 키워드'를 찾아내는 것이다. 아는 사람은 알겠지만, 디즈니 애니메이션 〈라이온 킹〉과 〈쿵푸팬더〉의 스토리 구조는 같다. 둘 다 크리스토퍼 보글러의 '영웅의 여정 12단계'라는 틀에 맞춰서 만들어진 스토리다. 이런 예는 수도 없이 많다. 콘텐츠 분석만 제대로 할 수 있다면 코어를 활용하여 콘텐츠를 제작할 수 있다. 코어 스캔은 새로운 스토리를 끊임없이 만들어낼 수 있는 특별한 능력이자 기술이다.

코어 예시1: 플롯(스토리), 테마

영화 〈아바타〉의 스토리는 상반되는 문화(가치관)의 충돌을 다룬다. 주인공이 자신과 다른 문화를 이해하면서 그 일원이 되어가는 과정을 보여준다. 〈아바타〉와 같은 코어를 가진 영화로는 〈미션〉 〈늑대와 춤을〉 〈라스트 사무라이〉 등이 있다. (내가 아는 것만 열거한 것이고, 찾아보면 더 많이 있을 것이다.) 네 영화를 보면 모두 같은 스토리라는 것을 알 수 있다. 비록 시간과 공간은 다르지만, 같은 코어로 만들어져 주인공 캐릭터의 설정까지도 유사하다.

〈아바타〉의 코어를 어떻게 활용할 수 있을까? 당장 떠오르는 스토리가 두 개 있다. 일본에 사무라이 정신이 있다면, 우리나라에는 선비 정신이 있다. 개화기에 황제의 초청으로 선진문물을 가르치러 온 외국인을 주인공으로 한다면 〈아바타〉와 코어가 같은 스토리가 된다. 아니면 조선의 부국강병을 위해 유학을 다녀온 주인공으로 설정할 수도 있다. 자신이 부정했던 유교에서 찾고자 했던 가치를 발견하는 스토리를 만들 수 있다.

다른 하나는 하버드 출신 과학자가 우연한 계기로 절에 머물게 되면서, 종교를 이해하게 되는 (혹은 마음의 안정을 얻는) 스토리다. 하버드와 과학자는 종교와 대척점에 있는 주인공을 만들기 위해 가져온 설정이다.

코어 예시2: 테마

〈반교: 디텐션〉은 게임으로 출시된 뒤 영화로도 제작되었다. 게임의 코어를 찾는다면 '아픈 역사에서 마주한 공포'가 아닐까 생각한다. 공포의 대상을 역사로 설정한 것 자체가 특이한 점이다. 이 게임은 대만 국민당의 계엄령 시대(1949~1987)를 배경으로 한다. 당시 권위주의 정권은 반공을 명분으로 반체제 인사들에 대한 숙청을 자행했다. 〈반교: 디텐션〉이 특히나 돋보였던 점은 공간을 고등학교로 설정했다는 것이다. 학교마저 공포스러운 공간으로 만들어버림으로써 시대적인 아픔을 더 잘 보여줄 수 있었다.

우리나라에도 아픈 역사가 있다. 따라서 '공포스러웠던 역사'를 찾는 〈반교: 디텐션〉과 같은 코어를 가진 스토리를 만드는 것은 어렵지 않다.

코어 예시3: 캐릭터

캐릭터가 콘텐츠의 전부인 예는 수도 없다. 그중 하나가 〈라이어 라이어〉의 플레처 리드(짐 캐리 분)다. 작중 그는 거짓말이 능수능란한 캐릭터로, 가족들에게도 신용을 잃은 상태로 나온다. 그러나 변호사라는 그의 직업 특성상 어느 정도의 거짓말은 용인될 수 있다. 〈라이어 라이어〉의 스토리는 거짓말이 필요한 직업을 가진 주인공이 거짓말을 못하게 된 상황에서 벌어지는 일들을 다룬다. 거짓말이 필요한 직업으로는 변호사, 정치인, 영업 사원(주로 보험), 사기꾼 등이 있다. 이런 직업을 가진 사람이 어떤 이유로 거짓말을 할 수 없는 상황이 되면 극적인 재미가 생겨난다.

예로 든 〈라이어 라이어〉의 코어에서 확장한다면 '가장 중요한 능력을 잃어버린 주인공'이라는 핵심 키워드를 도출할 수 있다. 손을 다친 피아니스트, 다리를 다친 축구 선수, 미각을 잃은 요리사, 후각을 잃은 조향사처럼 만들어낼 수 있는 캐릭터는 무한대에 가깝다. 이런 능력이 평범하게 느껴진다면 조금 더 강력한 설정을 위해 '능력을 잃어버린 히어로'가 있다고 가정해보자. 우리가 잘 아는 〈아이언맨 3〉의 스토리가 이와 같다. 작중 토니 스타크(로버트 다우니 주니어 분)가 '아이언맨'이라 불리게 된 건 수트 때문이다. 하지만 수트가 망가지면서 그는 능력을 잃어버린다. 완전히 달라 보이는 〈라이어 라이어〉와 〈아이언맨3〉의 코어가 동일하다는 것을 알 수 있다.

코어 파악 훈련

통찰력이 뛰어날수록 콘텐츠의 본질을 쉽게 파악할 수 있다. 앞서 설명한 내재화는 통찰력을 기르는 데 많은 도움이 된다. 조금 쉽게 생각한다면 코어 파악은 콘텐츠에서 가장 중요한 것이 무엇인지 찾아내는 일이라 할 수 있다. 한 가지만 남기고 전부 버린다고 할 때, 남길 한 가지 요소가 무엇인지 생각해보면 된다. 콘텐츠에 따라 그 한 가지는 플롯(스토리)이나 테마일 수도 있고, 캐릭터일 수도 있다.

통찰력이라는 말 때문에 어렵다고 생각할 수도 있겠지만, 의외로 쉽다. 성공한 콘텐츠에는 누가 봐도 확실한 콘셉트(사람들이 좋아하는 이유)가 있기 때문에 그걸 찾으면 된다. 'Simple is the best'는 디자인에만 통용되는 말이 아니다.

〈드래곤 길들이기〉에서 내가 흥미롭게 본 캐릭터는 드래곤이 아니라 히컵이었다. 신체적인 능력이 떨어지지만, 머리는 좋은 엔지니어 계열의 캐릭터다. 바이킹 족장의 아들임에도 바이킹답지 못하다고 할 수 있다. 내가 히컵에게서 발견한 핵심 키워드는 '특정 직군에 대한 일반적인 인식에서 벗어난 캐릭터'였다. 〈선생 김봉두〉의 김봉두(차승원 분)는 불량 선생이다. 아이들보다 지각을 더 많이 하고, 교재 연구보다 음주를 좋아할 뿐 아니라 촌지를 장려한다. 우리가 일반적으로 가지고 있는 바람직한 선생의 이미지에서 많이 벗어나 있다. 그런 점에서, 달라 보여도 〈드래곤 길들이기〉와 〈선생 김봉두〉의 코어는 같다. 그래서 〈선생 김봉두〉에서 파악한 코어로 〈드래곤 길들이기〉를 만들어내는 것도 가능하다. 놀랍지 않은가? 지금까지 설명한 코어 스캔의 개념만 제대로 이해하고 적용할 수 있다면 소재가 고갈될 일은 없다.

코어 파악 훈련법은 쉽다. 콘텐츠를 소비하면서 코어가 무엇인지 생각하는 것이다. 평소에 의식하는 습관을 기르기만 해도 충분하다. 사람마다 보는 관점이 다른 만큼 발견하는 코어도 다를 수 있다는 것만 기억하자. 〈드래곤 길들이기〉에서 내가 주목한 캐릭터는 히컵이지만, 대부분은 드래곤 투슬리스를 주목할 것이다. 코어는 하나만 존재할 리 없으니 다양한 코어를 잘 찾아보자.

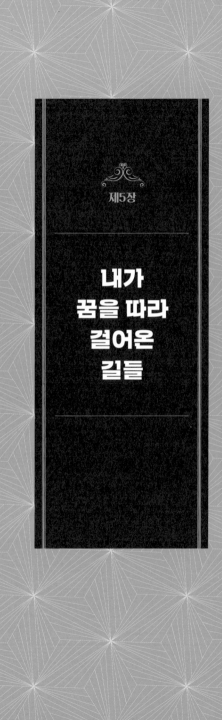

제5장

내가
꿈을 따라
걸어온
길들

게임 시나리오 작가의 어린 시절

스토리와 창작에 대한 최초의 기억

어릴 적 나는 독서와 그림 그리기를 유독 좋아했다. 초등학교에 입학하기 전에 유치원말고 미술 학원에 다녔던 것도 순전히 나의 선택이었다. 그러나 정작 미술 학원에 다니면서 그림보다 학원에 있던 디즈니 그림 동화책을 더 좋아했다. 캐릭터나 특정 작품을 좋아했던 것은 아니고, 스토리[12] 자체를 좋아했다. 수업 마치고 책을 읽는 시간이 하루 중 가장 행복했다. 동화책을 읽다가 집에 가는 것을 깜빡해 엄마가 찾아온 적도 있다.

스토리와 그림을 좋아했기에 당연히 만화와 애니메이션도 좋아했다. 특히 KBS에서 일요일마다 방영했던 〈디즈니 만화 동산〉을 즐겨봤다. 그 외에도 당시 방영하는 애니메이션은 꼭 챙겨 보는 편이었다.

우리 부모님은 책에 돈을 아끼지 않으셨기 때문에 집은 책으로

---

12   스토리를 번역하면 '이야기'가 된다. 그러나 '이야기'에는 스토리텔링(전달)의 개념도 포함되어 있어서, 미묘한 의미 차이가 있다. 이 책에선 이야기가 아닌 스토리로 통일한다.

넘쳐났다. 그중에서도 50권짜리 세계문학 전집을 유독 좋아했다. 정말 읽고 또 읽었다. 아마 권당 수십 번씩은 읽지 않았을까 생각한다. 세계문학 전집은 적게는 수십 년 많게는 수천 년이 넘도록 살아남은 스토리의 결정판이라는 점에서 특별하다. 세계문학 전집을 읽으며 스토리에 대한 감각과 문법을 체득할 수 있었을 것이라고 생각한다. 물론 단정할 수는 없다. 그럼에도 이때의 독서량이 지금의 나를 만드는 데 많은 부분 기여했다는 것은 부정할 수 없다.

초등학교 시절 장기자랑 시간, 대부분은 춤을 추거나 노래를 부르지만, 나는 세계문학 전집에서 읽은 스토리를 들려주었다. 오래전이라 친구들의 반응까지는 기억나지 않는다. 애니메이션 주제가를 개사해서 가르쳐주기도 했다. 〈요코야마 미츠테루의 삼국지〉 주제가를 개사했다. 개사 콘셉트는 '수박 서리'였다. '가도 가도 끝없는 넓은 땅'이라는 가사를 '가도 가도 끝없는 수박밭'으로 바꾸는 식이었다. 음악 시간에 배운 경기도 민요 〈늴리리야〉의 '목동이 소 몰고 밭둑길로 온다'라는 가사를 '목동이 소 팔고 화투 치러 간다'로 바꿔서 혼자 부르고 다니기도 했다. 나는 어릴 때부터 이런 소소한 창작 활동을 즐겼는데, 재능까지는 아니어도 창작자로서의 기질은 있었던 것 같다.

학창 시절 글쓰기로 받은 상은 하나뿐이다. 재능이 있었는지는 모르겠지만 글쓰기 자체를 즐겼던 것만은 분명하다. 지금도 있는지는 모르겠지만 '쓰기'라는 과목을 제일 좋아했다. 정확히는 내가 쓴 글로 반 아이들을 웃기는 걸 좋아했다. 하루는 '내가 되고 싶은 뭔가의 관점'을 주제로 글을 써야 했다. 그때 나는 주인이 있는 개의 시점에서 글을 썼다. 글에서 나는 개였는데, 싸움이 나면 주인을 버리고 도망간다는 내용이었던 것 같다. 아직도 기억나는 첫 문장은 "나는 개입니다"였다. 이 글은 대성공이었고, 발표하는 내내 웃음소리가 끊이질 않았다. 콘텐츠를 생산하고 소비자의 피드백을 확인하는 일련의 과정을 경험한 셈이었다. 이때의 쾌감은 아직도 뇌리에 선명하게 남아 있다.

놀이로부터 배우다

나는 숨바꼭질, 얼음땡, 구슬치기, 말뚝박기, 땅따먹기 등 지금은 '추억의 놀이' 혹은 '골목 놀이'라 불리는 놀이를 하면서 자랐다. 두 살 터울의 형과 동생이 있었기에 놀기에는 최적의 환경이었다. 학원도 거의 다니지 않았기 때문에 적어도 초등학교 때까지는 노는 게 주된 일과였다.

놀이의 다양한 효과 중 창의력과 문제 해결 능력 증진이 있다. 이와 직접적으로 연관 있다고 생각하는 놀이는 과학상자와 레고다. 과학상자는 요즘 나오는 '아두이노'와 비슷한 놀잇감이다. 또 당시 레고는 프라모델에 가까운 요즘 레고에 비해 자유도가 높았다. 기본적인 부품이 많았고, 만들어야 하는 것이 정해져 있지도 않았다. 나 역시 설명서를 보고 만들어본 기억이 없다. 내가 생각한 것, 상상한 것, 만들고 싶은 것을 마음껏 만들었다. 최근 주목받고 있는 '레고 시리어스 플레이'와 유사한 형태로 놀았던 것 같다.

어린 시절 나는 만들기를 좋아하는 '공작왕'이었다. 이런 성향이 타고난 것인지 길러진 것인지는 모르겠다. 하지만 막연하게나마 어린 시절 놀이 경험이 지금 하는 일에 도움이 된 것 같다고 생각하고 있었다. 그러다 우연한 계기로 〈놀이의 반란〉이라는 EBS 다큐멘터리를 보게 되었다. 다큐멘터리에서 흥미로웠던 것은 독일과 한국 아이들의 학습 능력을 테스트한 결과였다. 첫 번째는 모국어와 연산 능력 평가였다. 여기서는 선행 학습을 한 한국 아이들의 능력이 월등했다. 독일은 그 나이 아이들에게 선행 학습을 시키지 않고 자유롭게 놀게 했다. 두 번째 테스트는 그림을 보고 스토리를 이해하는 것이었다. 여기서는 독일 아이들의 정답률이 높았다. (독일 아이들은 12명 중 9명이 정답을 맞췄고, 한국 아이들은 10명 중 3명만이 정답을 말했다.) 유치원에서부터 학습을 시작하는 한국과 달리 독일은 초등학교에 가서야 학습을 시작한다. 굳이 따진다면 나는 독일식 교육을 받으며 자라난 셈이다. 그때는 지금처럼 조기 교육에 열을 올리던 시기가 아니었으니 나처럼 자란 사람이 많을 것이다.

크면서 게임에 관심을 갖게 되었다. 당시에는 오락실이라 불렸던 게임 센터까지 출입하게 되었는데, 정말 신세계였다. 내가 좋아할 수밖에 없는 것들로 가득 차 있었다. 게임을 좋아하는 사람이라면 저금통을 털어서 게임 센터에 갔다가 부모님께 들켜서 혼이 났던 경험이 한 번쯤 있을 것이다. 나 역시 마찬가지다. 크게 혼이 난 이후로 한동안 게임 센터 출입을 자제하게 되었지만, 컴퓨터 학원에 다녔기 때문에 게임을 계속할 수 있었다.

컴퓨터 학원에서는 GW-BASIC을 배웠다. GW-BASIC은 지금은 아무도 사용하지 않는, 전설(?)로만 내려오는 프로그래밍 언어다. 당시 PC 잡지에는 프로그램 독자 공모전 같은 코너가 있었는데, 우수작을 선정하여 상품을 줬다. 1등 상품은 국내에서 개발된 사운드 카드 '옥소리 카드'였다. 집을 노래방으로 바꿀 수 있는 대단한 물건이었다. 2등 상품은 패미컴 짝퉁 버전 게임기였다. 금액으로 따지면 1등이 더 비쌌지만 나는 2등을 목표로 참가했다.

내가 기획하고, 형이 프로그램을 짰다. 콘셉트는 '이야기책'이었다. 어설프지만 선으로 책 모양을 만들고, 스페이스바를 누르면 페이지가 넘어가서 전래 동화를 볼 수 있게 한 소프트웨어였다. 한마디로 컴퓨터로 책을 보는 형태의 콘텐츠였는데, 그때가 90년대 초반이었으니 오늘날 전자책의 시조새 정도는 되지 않았을까 생각한다. 그 아이디어를 떠올렸을 때 나는 무조건 상을 받을 수 있다고 자신했다. 이왕이면 2등이 되기를 기원했지만, 운명의 장난인지 결과는 1등이었다. 기뻤지만 마냥 기뻐할 수 없었다. 그때 GW-BASIC으로 만든 이야기책은 내가 기획하여 성과를 거둔 첫 번째 콘텐츠가 된다.

초등학교 고학년이 되면서 게임을 많이 하게 되었다. PC게임도 했지만, 주로 콘솔 게임을 좋아했다. 패미컴, 슈퍼 패미컴, 네오지오, 3DO 얼라이브, 닌텐도 64와 같은 게임기를 가지고 있었다. 지방이어서 게임기나 소프트웨어를 구하기 어렵긴 했지만, 형과 동생도 게임을 좋아하는 편이었기에 함께 용돈을 모아 사들였다. 부모님께서도 어느 정도 묵인해주셨기 때문에 게임하는 데 큰 어려움은 없었다.

이 시기에 플레이한 게임은 대부분 일본 게임이어서 공략본이 있어야만 게임을 진행할 수 있었다. 결국 게임 잡지에 공략이 있는가 여부가 게임을 구매하는 중요한 기준이 되었는데, 게임 잡지에서 공략하는 게임은 당연히 대작이었다. 덕분에 지금은 고전 명작이라 부르는 게임을 많이 플레이했다. 그중 베스트는 〈드래곤 퀘스트〉 시리즈였다. 〈드래곤볼〉로 유명한 토리야마 아키라의 일러스트를 특히 좋아했다.

당시 인기 있는 게임은 거의 일본 게임이었기에 텍스트는 아무런 의미가 없었다. 지금은 한글화가 너무 당연하지만, 그때는 한글화된 게임을 손에 꼽을 정도였다. 공략본으로 스토리의 전체적인 흐름을 파악한 상태에서 나만의 스토리를 만드는 식으로 플레이했다. 부족한 부분은 상상력으로 채웠기 때문에 텍스트를 모르는 건 문제가 되지 않았다. 명작 게임은 기본적으로 재미있었고, 텍스트만으로 스토리를 전달하려 하지 않았다. 이런 경험을 통해 게임의 스토리텔링에서 무엇보다 중요한 것은 게임 시스템이라는 사실을 어려서부터 막연하게나마 깨달을 수 있었다.

게임은 다른 콘텐츠와 달리 시대성이라는 맥락이 중요하다. 같은 게임이라도 시기에 따라 경험이 달라진다. 〈스타크래프트〉를 1999년에 플레이한 게이머와 2019년에 플레이한 게이머의 경험은 다르다. 고전 명작 게임이 오늘날 게이머들의 기대에 못 미치는 것도 이 때문이다. 게임을 문화라고 할 수 있는 이유도 이런 특수성 때문일 것이다. 나는 고전 명작 게임의 존재 의미를 제대로 경험했고, 그 경험은 게임을 만드는 지금의 나에게 큰 자산이 되었다. 공략본을 보면서 어설프게 게임했던 때가 나의 게임 인생에서 가장 즐거운 시기였다고 생각한다.

덕심으로 선택한 진학

초등학교 고학년이 되면서, 게임 기획자(정확하게는 게임 디렉터)가 되어야겠다고 생각했다. 지금은 유튜버를 크리에이터라고 부르지만, 당시 크리에이터는 게임 디렉터를 부르는 또 다른 이름이었다. 미야모토 시게루, 시드 마이어, 피터 몰리뉴, 리처드 게리엇과 같은 유명한 게임 디렉터들을 크리에이터라 불렀다. (오늘날 게임 디렉터를 크리에이터로 부르지 않게 된 이유 중 하나는 게임을 만드는 데 참여하는 인원 수가 늘어났기 때문으로 보인다. 게임의 규모가 커지면서 게임 개발 과정에서 한 사람이 차지하는 비중이 줄었다.) 나는 나의 영웅이었던 그들 같은 사람이 되고 싶다는 거창한 꿈을 꾸었다.

내가 태어나고 자란 울산은 당시 비평준화 지역이었고, 고등학교도 시험을 통해 입학해야 했다. 점수가 낮으면 고등학교를 재수하는 일이 벌어지기도 했다. 내가 입학한 고등학교는 남자 고등학교 중에서는 입학 성적이 두 번째로 높았다. 나름대로 공부 잘하는 학생들이 모인 곳이었다. 그런데 당시 나는 공부에 관심이 없어서 시험 기간에만 공부하는 흉내를 내는 수준이었다. 성적이 좋을 리 없었다. 반 등수는 중학교 때보다 훨씬 떨어져 35~45등 정도에 머물렀다. 그럼에도 대학교는 가고 싶었다. 이왕이면 게임 개발과 관련된 학과에 가길 원했다.

하지만 당시에는 게임 관련 학과가 드물었다. 게임 관련 학과라고 해서 찾아보면 컴퓨터공학이나 미대인 경우가 많았다. 둘 중 어느 쪽도 게임 기획자가 되고 싶었던 나에게 완벽히 부합하는 학과는 아니었다. 그럼에도 막연하게 미대에 가면 게임을 만드는 데 도움이 될 것이라고 생각했다. 미대가 상대적으로 입학 점수가 낮다는 것도 이유였다.

하지만 나는 나의 미술 실력을 착각하고 있었다. 큰 상은 아니었지만, 미술대회에서 상 받은 경험이 몇 번 있었다. 나름 미술에 재능이 있다고 생각했는데, 실제로는 전혀 아니었다. 무엇보다 입시에서 요구하는 속도를 따라가지 못했다. 같은 시간 동안 그림을 그려도 손이 워낙 느려서 완성도가 현저히 떨어졌다. 수능 성적과 미술 실기 모두 어중간했다.

재수까지 했지만, 상황은 그다지 나아지지 않았다. 결정적으로 하필 그때 〈스타크래프트〉가 출시되었다. 결국 원래 목표하던 미대에 진학하지 못하고, 점수에 맞는 게임학과를 찾아서 진학했다.

내가 입학할 당시 게임학과는 체계가 전혀 없었다. 무엇보다 게임 기획과 관련된 커리큘럼이 제대로 갖춰지지 않았다. 실무 경험이 있는 교수진도 아니었고, 프로그래밍 위주의 수업이 대부분이었다. 프로그래밍에는 전혀 흥미가 없었기 때문에 게임만 하면서 시간을 보냈다. 밤새도록 게임을 하고 아침에 잠을 자느라 수업을 빠졌다. 그때는 게임 기획자가 프로그래밍을 잘 알면 실무에 도움이 된다는 것도 몰랐기에 더더욱 흥미가 생기지 않았다. 당시 나는 게임 디렉터나 게임 시나리오 작가를 게임 기획자로 생각하는 전형적인 지망생 중 하나였다.

결국 게임학과에서는 게임 기획을 배울 수 없다는 결론을 내리고, 대학교를 다시 가기로 했다. 내가 선택한 학과는 영화학과였다. 영화를 전공해서 영상과 시나리오를 공부하면 게임 기획에 도움이 될 것 같다고 막연하게 생각했다. 고등학교 때 미대 입시를 준비했던 것과 같이 아무 근거 없는 뇌피셜이었다.

그렇게 생각하게 된 데는 당시 플레이했던 〈메탈 기어 솔리드〉의 영향이 컸다. 디렉터인 코지마 히데오는 영화감독 지망생이었고, 그가 만든 게임은 흔히 말하는 '영화 같은 게임'이었다. 〈메탈 기어 솔리드〉 같은 게임을 만들고 싶었고, 코지마 히데오 같은 사람이 되고 싶었다. 그는 나의 우상이었다. 결국 〈메탈 기어 솔리드〉라는 게임 하나 때문에 영화학과를 선택하는 만행을 저질렀다. 덕심으로 인생에서 가장 중요한 선택을 내렸다. 확실히 미친 짓이었다.

진짜 공부를 시작하다

순간의 선택이 가져온 나비효과

제대하고 수능을 다시 준비했다. 10월 1일에 제대했기에 수능까지는 채 두 달도 남지 않은 상황이었다. 살면서 가장 집중했던 시기이기도 하다. 고등학교 때보다 암기력은 떨어졌지만, 이해력은 높아져 있었다. 고등학생 때는 이해되지 않아서 암기했던 내용을 이해할 수 있게 되면서 외울 필요가 적어졌다. 그때부터 공부는 나에게 놀이가 되었다. 놀이는 그 자체로 즐거움과 만족을 줄 뿐만 아니라 강제성이 없다. 공부하면서 코피를 쏟아본 것도 그때가 처음이었다. 때마침 그 모습을 보신 아버지께 용돈을 받기도 했다.

나는 전형적인 수학 포기자였다. 기초가 약했기 때문에 모의고사 점수는 80점 만점에 30점대에 머물렀다. 영화학과 중에는 수학 성적을 당락에 반영하지 않는 경우가 많아서 수학을 포기하는 것도 하나의 전략이었다. 나는 고민 끝에 수학은 포기하되 공식은 외우기로 했다. 운이 좋았던지 그해 수능 수학 시험은 상대적으로 쉽게 출제되었다. 공식만 알아도 풀 수 있는 문제가 많았다. 수학 모의고사에서 한 번도 40점을 넘겨본 적이 없던 내가 67점을 받았다. 그리고 내가 지원한 학교는 영화과로서는 드물게 수학 성적을 반영했다. 그 덕분에 수석으로 입학할 수 있었다. 수학을 포기하지 않은 건 정말 순간의 선택이었지만, 그 효과는 상당했다.

게임학과를 다닐 당시에는 장학금은 생각도 못 했다. 장학금은 당시 나에게는 감히 범접할 수 없는 영역이었다. 그런데 얼떨결에 영화과에 수석으로 입학하며 장학금을 받게 되었다. 대학교에서 열심히 공부해야겠다는 생각은 누구나 가지고 있지만, 대부분 생각에 그친다. 하지만 나는 공부하면 돈이 생긴다는 것을 직접 경험했기에 더욱 공부에 매진하게 되었다. 덕분에 장학금을 계속 받을 수 있었고, 스스로에 대한 믿음도 생겨나기 시작했다.

인문학 공부가 내게 준 것들

학교에 다니면서 전공보다 교양 과목에 더 열을 올렸다. 내가 교양 과목을 선택하는 기준은 '나중에 게임을 만들 때 도움이 될 것 같은 과목'이었다. 그러다 보니 자연스럽게 예술, 철학, 문학, 미술, 역사 등 인문학 수업을 주로 듣게 되었다. 지금은 인문학의 중요성을 인정해주는 분위기지만, 당시 인문학은 '쓸모 없는 학문'에 불과했다. 그래도 이때 들은 인문학 수업으로 인해 폭넓게 사고할 수 있게 되었다.

　당시 나의 공부법은 상당히 무식했다. 책을 읽고 리포트를 제출하라고 하면, 책 외에 관련 논문들까지 깡그리 찾아보았다. 이때의 어려움은 논문마다 주장이나 사실이 조금씩 다르다는 점이다. 그중 스스로 가장 합리적이라고 생각하는 내용을 바탕으로 새로운 의견을 도출하는 식으로 리포트를 썼다. 남들에 비해 시간이 몇 배로 걸렸기에, 리포트를 쓰는 건 정말 괴로운 일이었다. 글이 마음에 들지 않으면 몇 번이고 수정하기를 반복했는데, 그 과정에서 많은 생각을 했다. 어떤 사실이나 현상을 있는 그대로 수용하지 않고 '왜?'라고 질

문하는 과정을 통해, 현상의 본질에 다가서는 법을 배웠다. 글쓰기
능력도 많이 향상되었다.

영화를 꿈꾸지 않는 영화학도

대학교에 가기 전 나는 영화에 전혀 관심이 없었다. 한 해에 본 영화
가 5편이 안 될 정도였고, 극장에서 영화를 보는 건 거의 몇 년에 한
번 있을까 말까 한 일이었다. 그래도 영화를 공부하기 시작하고 나서
부터는, 1년에 영화를 수백 편씩 보면서 영화에 빠져들었다. 영화제
도 찾아다녔고, 온종일 영화만 보기도 했다.

내가 다녔던 학교에선 3학년부터 학기 중에 단편영화를 찍는데,
후배가 선배 영화의 보조 스태프로 참여한다. 일종의 품앗이 시스템
이다. 수업을 빼먹으면서 영화 찍으러 다니는 것이 일상이었다. 나는
수업에 방해되지 않는 범위 내에서 한 학기에 한 편 정도만 참여하
기로 했다. 애초에 영화를 직업으로 삼을 마음이 없었기 때문에 이
론 공부를 많이 하는 것이 더 중요하다고 생각했다.

시간이 흘러 3학년이 되어서 직접 영화를 제작하게 되었을 때는
최대한 적은 비용으로 영화를 찍는 것을 목표로 삼았다. 시나리오를
쓸 때부터 비용을 생각했다. 덕분에 말도 안 되게 저렴한 비용으로
두 편의 영화를 연출하는 쾌거(?)를 이루었다. 이 시기 나는 직접 쓴

시나리오를 하나의 콘텐츠로 연출하는 과정을 경험하면서 스토리를 시각화하는 법에 대한 감을 익힐 수 있었다.

나는 영화과에서 특이한 존재였다. 전 학년을 통틀어서 영화를 목표로 하지 않는 유일한 학생이었다. 그 사실을 동기, 선배, 교수님께도 숨기지 않는 또라이였다. 나는 좋아하는 게임의 디렉터가 영화 감독 지망생이었다는 사실 하나 때문에 영화를 전공했다. 영화와 게임의 연관성이 높기는 하지만, 굳이 게임을 만들기 위해 영화를 전공할 필요까지는 없다. 말도 안 되는 이유였지만, 결과만 놓고 본다면 인생 최고의 선택이었다. 이 시기는 내가 세상에 태어나서 가장 열심히 공부했던 시기이기도 하다. 대학교에서 배우는 것이 없다고 말하는 사람이 있는데, 변명이자 평계에 불과하다고 생각한다. 원래 공부는 스스로 하는 것이다.

힘들게 시작한 여정

프로그래밍 교육 수강, 절대 헛된 순간은 없다

지금은 게임 학원에 다니거나 커뮤니티 활동을 하면 취업과 관련된 정보를 비교적 쉽게 얻을 수 있다. 그러나 내가 졸업한 2007년은 확실히 정보가 적은 시기였다. 결국 100퍼센트 혼자 힘으로 취업을 준비해야 했다. 어설프게 작성한 이력서를 들고 몇몇 회사에서 면접을 보기도 했지만, 입사로 이어지지는 않았다. 준비가 턱없이 부족했기 때문에 당연한 결과였지만 심리적인 데미지는 상당했다. 스스로에 대한 자신감이 떨어지면서 흔히 말하는 '멘붕'이 왔다. 평소 나는 무시할 건 철저하게 무시하면서 나의 페이스를 유지하는 편인데, 취업 실패를 반복했던 3개월만큼은 정신적으로 참 힘들었다.

방법을 찾다가 국비 지원 게임 프로그래밍 교육을 수강하게 되었다. 프로그램을 배우는 것이 게임 기획자로 취업하는 것과 직접적인 연관이 있다고 보기는 어렵다. 하지만 그때는 게임과 관련된 것이라면 뭐든 배워두면 도움이 되지 않을까 생각했다. 실제 교육을 받으면서 가장 많이 도움을 받은 부분은 지식적인 측면보다는 심리적인 측면이었다. 당시 나에게는 집에서 혼자 취업을 준비하는 데서 오는 심리적인 어려움이 있었다. 일단 집을 벗어나서 나와 같은 고민을 하는 사람을 만나고, 어딘가에 소속되고 싶었다.

처음에는 어느 정도 따라갈 수 있었지만, 시간이 지날수록 수업은 점점 어려워졌다. 당시 나는 게임 프로그래머로 취업하는 것을 목표하고 있는 다른 수강생들과는 달리 프로그래밍에 대해서 아는 것이 거의 없었다. 게임학과에 다닐 때 약간 맛만 본 정도였다. 어차피 프로그래머가 되려고 한 것은 아니었기 때문에 수업 시간에 취업을 위한 포트폴리오를 만들었다. 그래도 이 시기를 통해 프로그래밍의 기본적인 개념과 프로그래머의 사고방식을 이해할 수 있었다. 현재의 내가 게임 기획을 하거나 프로그래머와 커뮤니케이션을 하는 데 큰 어려움이 없는 것도 이때의 경험 때문이다.

취업을 향한 한 걸음, 게임 아이디어 공모전

포트폴리오에 집중하며 내가 목표한 것은 위메이드 게임 아이디어 공모전 입상이었다. 고민 끝에 생각해낸 아이디어는 한글의 창제 원리를 핵심 메커니즘으로 하는 퍼즐 게임이었다. 예전에 게임 잡지에서 일본어를 활용한 퍼즐 게임이 있다는 기사를 보고 한글로도 퍼즐을 만들 수 있겠다고 생각했던 경험에서 착안했다.

　　당시 응모작이 700건이 넘어서 심사가 연기될 정도로 반응이 뜨거웠다. 5명에게 상을 주었기 때문에 경쟁률은 145:1이었다. 그때 상 받을 5명을 불러서 따로 발표를 시켰는데, 나도 연락을 받았다. 일단 5명 안에 포함되었기 때문에 상 받는 것은 기정사실이었고, 어떤 상을 받느냐가 문제였다. 다른 4명의 아이디어를 들었지만, 생각보다 특별하지 않았고 게임화할 수 있는 아이디어는 내 것밖에 없다고 생각했다. 대상을 확신했지만, 결과는 동상이었다. 내가 발표에 서툴러서였을 수도 있지만, 영 만족스럽지 않은 결과였다. (인터넷에 떠돌고 있는 기념사진을 찾아보면 나만 인상을 쓰고 있다.)

공모전 수상 이후에는 이력서에 대한 반응이 있었다. 면접을 보고 두 곳에서 입사 제의를 받았다. 첫 번째 회사는 한 달에 50만 원을 주겠다고 했다. 신입이기 때문에 회사가 일을 가르쳐야 한다는 것이 이유였다. 말 같지도 않은 소리지만, 취업 못 하는 기간이 더 길어졌다면 그런 회사라도 갔을지 모르겠다. 두 번째 회사에서 일을 시작하기로 하고 내가 받은 첫 월급은 130만 원이었다. 결코 많지 않은 월급이었지만, 3개월 후에 정규직이 되면서 그나마도 120만 원으로 줄었다. 퇴직금이 연봉에 포함되었기 때문에 명목상 1700만 원이었던 연봉은 실제로는 1570만 원이었다. 당시 나의 연봉 계약서에는 업적연봉, 시간 외 수당, 야근 수당, 철야근무수당, 휴일근무수당, 연차 수당, 중식대까지 포함되어 있었다. 사실상 월급 외에는 아무것도 주지 않겠다는 의미였다. 2008년에는 이상한 회사들이 많았고, 나는 그중 한 곳에서 일을 시작하게 되었다.

꿈을 이루다

나의 오랜 꿈은 게임을 만드는 것이었다. 하지만 막상 회사에서 맡은 프로젝트는 교육용 소프트웨어였다. 면접 당시에 그 사실을 알았더라면 입사를 심각하게 고민했을지도 모르겠다. 그래도 회사에 다니는 것만으로 의미 있는 일이라 생각하고 열심히 다니기로 했다. 게임은 아니었지만, 만드는 과정이 게임과 크게 다르지는 않았다.

나의 포지션은 서브 기획자였다. 게임은 아니었지만, 처음부터 끝까지 프로젝트에 참여할 수 있었던 것은 좋은 경험이었다. 당시 메인 기획자님의 역량이 뛰어났기 때문에 프로젝트는 큰 문제 없이 마무리되었다. 그때부터 진로에 대한 고민이 시작되었다. 당시 내가 다니던 회사는 홍보 이사가 기획에 깊이 관여할 정도로 체계가 없었다. 홍보 이사가 하라는 대로 작업하고 나면 결국 문제가 생기곤 했다. 이 회사에서라면 게임을 만들더라도 같은 상황이 반복될 것 같다는 생각이 들었다. 그래서 이직을 결심했다.

문제는 경력도 짧고 그나마도 게임 관련된 것이 아니라서 이직이 쉽지 않을 것 같다는 점이었다. 그래서 다시 게임 아이디어 공모전을 준비하기로 했다. 우리나라의 전통 놀이 비석치기를 닌텐도 Wii용 게임으로 기획했다. 전용 컨트롤러까지 생각했던 나름 대작(?)이었는데, 결과도 좋아서 은상을 받았다.

회사를 다니면서 영화 시나리오 스쿨도 다녔다. 수업은 일주일에 한 번이었지만, 그래도 몇 개월이나 되는 과정이었다. 대학교에도 시나리오 수업은 있었지만, 그때는 시나리오 작법을 이해할 준비가 되어 있지 않았고 수업도 체계적이지 못했다. 당시의 나는 영화를 전공했음에도 영화 시나리오 작법에 관해서 아는 것이 없었다. 시나리오 수업은 신세계였다. 그전에는 전혀 이해되지 않았던 시나리오 작법서의 내용이 눈에 들어오기 시작하면서 시나리오를 어떻게 써야 할지 감을 잡았다. 무엇보다 스토리 창작은 예술적 재능의 영역이 아닌 기술의 영역이라는 사실을 받아들이게 되었다. 스토리의 기본인 3막 구조를 실무에 활용하게 된 것도 이때가 처음이었다. 당시 내가 받던 월급에 맞먹는 수강료가 부담되긴 했지만, 지금까지 살아오면서 한 가장 현명한 소비였다.

이런 노력 덕분인지 첫 프로젝트가 끝나던 시기에 MMORPG를 만들고 있던 회사에 취업할 수 있었다. 내가 참여하게 된 프로젝트는 〈열혈강호 2〉였다. 동명의 만화를 원작으로 하는 〈열혈강호〉는 아시아권에서는 상당한 수익을 내던 게임이었다. 〈열혈강호2〉는 그 후속작이었다. 최종적인 결과는 좋지 못했지만 만들 당시에는 기대작 중의 하나였다. 그렇게 본격적인 게임 기획자로서의 삶이 시작되었다.

거듭되는 행운

대한민국에서 가장 큰 게임 회사에 들어가다

두 번째 회사에서 일하는 건 즐거웠지만 팀 내부 사정은 복잡했다. 이런저런 이유로 팀원의 상당수가 교체되면서 게임 전체를 처음부터 다시 기획해야 하는 상황이 되었다. 콘텐츠 기획 업무를 하면서 서브로 시나리오 작업에 참여하고 있었는데, 조직 개편 이후에 콘텐츠 기획 전반을 담당하게 되었다. (선임자는 퇴사했다.)

게임 시나리오를 전담한 건 이때가 처음이었다. 기존에 작업된 시나리오의 완성도를 높여가는 작업을 했다. 다소 모호했던 적대자 캐릭터를 입체적으로 만들면서 전체 스토리의 개연성을 높이는 것에 신경을 많이 썼다. 내가 보완한 시나리오에 대한 내부 반응은 아주 좋았다. 스토리가 어떻게 전개될지 궁금하다는 말까지 들을 정도였다.

선임자가 없으면 주도적으로 일할 수 있다는 장점이 있지만, 일에 대한 검증이 어려운 건 단점이었다. 그때의 나는 게임 개발에 대한 지식이 부족했다. 게임을 어떻게 만들어야 할지 감이 전혀 없었다. 선임이 없는 회사에 가지 말라고 말하는 이유가 여기에 있다. 당시 나는 몇 개월 동안 상상력에 의존해 일할 수밖에 없었다. 그래도 접해온 게임, 영화, 만화, 소설이 많았기에 구색은 갖출 수 있었다.

진짜 문제는 팀 내부 상황이었다. 조직이 개편되었지만, 게임 개발에 진전이 없었다. 기획 팀 충원도 매끄럽지 못했다. 필요한 건 기획자였는데, QA 파트에서 충원되었다. 게임 기획과 QA는 완전히 다른 분야라 작업의 난이도 역시 차이가 있다. 게임 같은 콘텐츠 분야는 일의 성격상 작업자 수가 중요하지 않다. 완성도가 떨어지는 콘텐츠는 만들어봤자 가치가 없다. 기획자가 부족하다고 해서 능력에 대한 검증 없이 인원 수만 채우려는 회사의 결정이 마음에 들지 않았다. 게임을 출시할 수 있을지 의문이 자리 잡기 시작했다.

그렇게 두 번째 회사에 들어간 지 1년이 다 되어갈 때쯤, 먼저 계셨던 기획 팀장님으로부터 면접 기회를 얻을 수 있었다. 근무하고 계신 회사에서 기획자를 충원하는데, 나를 추천해주신 거였다. 같은 시기에 〈블레이드 앤 소울〉 팀에서도 퀘스트 기획자를 뽑는다는 소식을 들었다. 〈블레이드 앤 소울〉은 2008년 당시 게임 업계의 핫이슈였으며, NC소프트의 초 기대작이기도 했다. 사전 공개된 영상도 큰 관심을 불러모았는데, 나 역시 그 영상에 매료되었다.

내가 본 날이 지원 가능한 마지막 날이었는데, 뜬금없이 지원해보고 싶다는 생각이 들었다. 급하게 포트폴리오를 정리하고, 지원서를 작성해서 마감 시간이 끝나기 바로 직전에 지원했다. 운명이라면 운명이었다.

NC소프트는 계획도 없이 즉흥적으로 지원했기 때문에 크게 기대하지 않았다. 놀랍게도 NC소프트에서도 면접 제의가 왔다. 결국 비슷한 시기에 두 회사에서 면접을 봤다. 아이러니하게도 NC소프트에 채용되고, 추천을 받아서 지원한 회사는 떨어졌다. 완전히 예상을 벗어난 결과였다. 일반적으로는 추천으로 지원했을 때의 채용 확률이 높다. 나중에 들어보니 면접 당시 나의 주장이 다소 강했던 것이 문제가 되었다고 한다. 어쨌든 객관적으로나 주관적으로나 더 나은 회사에서 일할 기회를 얻었다. 면접은 면접관의 취향이 많이 반영된다는 점에서 운이 크게 작용한다. 당시 나를 뽑아주셨던 기획팀장님과 파트장님은 모두 문과 출신이셨는데, 내가 포트폴리오로 제출한 영화 시나리오를 좋게 봐주셨던 것으로 기억한다. 대학교 때 영화를 전공한 것이 알게 모르게 계속해서 도움이 되고 있었다.

게임 업계에서 일을 시작하고 몇 가지 목표가 있었는데 그중 하나가 33살이 되기 전에 NC 소프트에 입사하는 것이었다. 왜 33살이었는지는 기억나지 않지만, 우리나라에서 가장 큰 게임 회사에서 일하며 많은 것을 배우고 싶었다. 공모전에 참여하고 시나리오 스쿨을 다닌 것도 목표를 이루기 위한 노력의 일환이었다. 목표를 3년이나 빨리 이룬 것은 대단한 행운이었다. 회사와 프로젝트, 같이 일했던 사람들까지 모두 좋았다. 택시 요금 오천 원이면 갈 수 있을 만큼 회사와 집이 가까워진 것도 좋은 점 중 하나였다.

실무를 통해 이론을 익히다, 〈블레이드 앤 소울〉 프로젝트

내가 NC소프트에 입사했을 때는 한창 게임 출시를 준비하던 시기여서 일이 많았다. 특히 메인 퀘스트를 담당하게 되었을 때는 정말 일이 끊이지를 않았다. 메인 퀘스트 관련 작업자들이 많았기 때문에 내가 일을 해야 다른 사람도 일을 마무리할 수 있었다. 업무 시간에 회의하고, 업무 시간이 끝나면 남아서 작업을 했다. 내가 미숙해서이기도 했지만 기본적으로 일의 양 자체가 많았다.

일이 끝나면 보통 2~3시가 넘었다. 사람마다 다르겠지만 나는 일로 인한 스트레스를 게임을 하거나 영화를 보면서 풀었다. 그래서 일을 마친 뒤 늦은 밤에도 바로 자지 않고 아무 생각 없이 할 수 있는 게임 〈리그 오브 레전드〉를 적어도 한두 시간은 하고 잤다. 아니면 근처 극장에서 심야 영화를 봤다. 극장에 갔는데 모두 이미 본 영화여서 되돌아오거나 영화를 보다가 잠만 잔 적도 있었다. 그래도 극장에서 잠이라도 잤으니 손해는 아니었다. 그러다 보면 잠드는 시간은 새벽 4시에서 5시 사이, 하루 수면 시간은 3~4시간 정도였다. 잠깐이긴 했지만, 정신적으로나 육체적으로나 대단히 힘든 시기였다. 지금은 절대 그렇게 일하지 못할 것 같다.

가끔은 내가 데이터 작업을 끝내야만 관련 작업자들의 하루 작업이 끝날 때가 있었다. 그럴 때면 동료들이 내가 데이터 작업하는 걸 지켜보았다. 실수라도 하면 옆에서 괜찮으니 천천히 하라고 하지만 그

말을 곧이곧대로 들을 수는 없었다. 본의 아니게 동료들의 퇴근까지 책임져야 했기에 극도로 집중하고 긴장한 상태로 일하곤 했다.

열심히 한다고 결과가 좋은 것은 아니었다. 한다고 했는데도 원래 계획한 일정을 도저히 맞추기 어려운 상황이 되었다. 계획대로라면 메인 퀘스트 제작이 훨씬 전에 시작되었어야 하는데, 전체적인 일정이 미뤄졌다. 막판에 일이 몰리면서 퀘스트 제작할 시간이 부족했다고 변명할 수는 있지만, 그렇다고 담당자인 내 잘못이 없어지진 않는다. 주어진 시간을 제대로 활용하지 못한 내 탓이 컸다. 큰 실패였다.

이후 나는 백청산맥이라는 지역의 서브 퀘스트 제작을 맡았다. 메인 퀘스트는 시나리오 작가의 스토리를 바탕으로 해야 한다는 점에서 구현에 초점이 맞춰져 있다. 그에 반해 서브 퀘스트는 퀘스트 기획자가 만들고 싶은 스토리를 만들면 되기 때문에 작업의 자유도가 높다. 문제는 서브 퀘스트는 기본적인 양 자체가 많아서 모든 퀘스트의 완성도를 높이기가 쉽지 않다는 점이다.

하지만 나는 이전 작업에서의 실패를 만회하고 싶었다. 〈블레이드 앤 소울〉은 오픈 초기 유저가 23만 명에 이를 정도로 인기 있는 게임이어서 피드백이 많았다. 각종 게시판을 돌아다니면서 게이머들이 어떤 퀘스트를 좋아하고, 어떤 요소에 반응하는지 살폈다. 특히 부정적인 피드백을 유심히 보았다. 그러다 보니 문제가 무엇인지 직접적으로 알 수 있었다. 캐릭터와 플레이를 통해 스토리를 전달해야 한다는 사실을 다시 한 번 깨달았고, 작업하면서 특히 신경 썼다. 노력 덕분인지 내가 담당한 지역의 퀘스트 캐릭터를 기억하는 사람이 많았다.

영화 시나리오 작법서에는 '설명하지 말고 보여줘라'라는 문구가 흔하게 등장한다. 앞서 계속 강조해온 시각화의 개념이다. 누구나 알지만, 실제 콘텐츠를 만들며 경험해보지 않는다면 제대로 이해하기 어려운 것이 사실이다. 〈블레이드 앤 소울〉은 국내 게임으로서는 드물게 퀘스트 비중이 높았다. 내가 아는 이론을 적용하기에 좋은 게임이었기에 배우는 게 많았다. 이런 프로젝트에 참여할 수 있었다는 건 대단한 행운이다.

나를 찾아가는 여정

재미있게 일할 수 없다면 아무 의미 없다, NC소프트 퇴사

4년 6개월간 일하고 NC소프트를 그만두었다. 퀘스트 기획자로만 일하면서 매너리즘에 빠진 것이 가장 큰 이유였다. 퀘스트 만드는 일이 쉬워지자 긴장감도 사라졌다. 일이 재미없어지면서 성장이 멈춘

것 같다는 생각이 들었다. 다시 신규 개발을 하고 싶었다. 내가 가장 잘할 수 있는 건 아무래도 퀘스트 기획이지만, 그렇다고 같은 일만 계속하고 싶지는 않았다.

지금까지도 많은 사람이 왜 NC소프트를 그만두었냐고 묻는다. 그러면 나는 일하는 게 재미없어졌고, 더 재미있는 일을 하고 싶었기 때문이라고 대답한다. 대부분의 사람이 선호하는 안정된 직장이 나에게는 매력적인 선택지가 아니었다. 재미있게 일할 수 없다면 회사가 아무리 좋아도 의미가 없다. 적어도 나에게는 그렇다.

상대적으로 개발 기간이 짧은 모바일 게임을 만들면 다양한 분야의 일을 할 수 있을 것 같았다. 〈블레이드 앤 소울〉 같은 PC MMORPG는 개발 기간만 5년이 걸린다. 당시 NC소프트는 주로 PC게임을 개발했기 때문에 회사 내에서는 마땅히 옮겨갈 만한 모바일 게임 프로젝트가 없었다.

회사를 그만두고 어학연수 겸 여행을 다녔다. 영어를 배우는 것이 목표였지만 공부가 잘되지는 않았다. 영어를 배우는 구체적인 이유가 없는 상태여서 그랬던 것 같다. 그래도 여행 자체는 대단한 의미가 있었다. 해보지 않은 것에 대한 두려움은 허상이라는 것을 배웠기 때문이다.

당시 나는 미국, 캐나다, 쿠바 세 나라를 거치며 10곳 가까운 도시들을 돌아다녔다. 누군가에게는 별것 아닌 일일 수 있지만, 그때의 나에게는 쉽지 않은 미션이었다. 영어도 썩 잘하지 못했다. 내가 경험한

나라는 우리나라와 홍콩이 전부였기에, 외국에 대한 막연한 두려움까지 있었다. 그러나 막상 경험해보니 두려움은 두려움에 불과했다. 사람들이 새로운 시도를 하지 못하는 것은 두려움이라는 괴물에 잡아먹히기 때문이다. 고(故) 정주영 회장님의 "해보기나 했어?"라는 말의 위대함을 새삼 깨달았다. 세상에는 실제로 해보면 별것 아닌 게 많다.

여행에서 돌아온 이후에는 해보지 않은 것에 대해서 지레 겁먹지는 않게 되었다. 일단 해보고, 안 되면 다시 시도하거나 포기하면 된다. 내 안의 두려움이라는 괴물과 퇴직금은 그때 완전히 사라졌다.

내가 아는 것을 나누고 또 배우는 삶, 게임 개발자 콘퍼런스 강연

NC소프트 입사와 함께 내가 가지고 있던 거창한 목표 중 하나가 게임 개발자 콘퍼런스에서 강연하는 것이었다. 강연할 정도의 실력을 갖추고 싶기도 했고, 내가 가진 지식을 공유하고 싶다는 생각도 있었다. 누구나 아는 사람이 되어서 주최 측의 강연 요청을 받는 것이 가장 쉬운 방법이지만, 그럴 만한 위치가 못 되어서 지원해야 했다. 다행스럽게도 KGC에서 강연 기회를 얻을 수 있었다.

KGC에서 발표한 첫 번째 강연의 주제는 내가 가장 잘 알고 있다고 생각한 MMORPG의 퀘스트였고, 제목은 'MMORPG의 퀘스트가 재미없는 이유'였다. 제목을 이렇게 지은 이유는 강연 주제이기 때문이었지만, 어그로를 끌기 위한 목적도 있었다. 게임 시나리오에 관심이 없더라도 궁금하다는 생각이 든다면 성공이라고 생각했다. 의도는 정확하게 맞아떨어져서 강연 내용을 바탕으로 작성된 기사에 150개가 넘는 댓글이 달릴 정도로 이슈가 되었다. 비록 강연 내용에 대한 댓글보다는 국내 게임 시나리오에 대한 비판으로 가득 찬 댓글들이 많았지만, 기대보다 뜨거운 반응이었다.

강연을 마치고 우선 내가 가진 지식이 대단하진 않더라도 누군가에게 조금이라도 도움이 될 수 있다는 사실에 보람을 느꼈다. 우리나라는 지식을 공유하는 문화가 활성화되어 있지 않다. 내가 어렵게 알게 된 것을 굳이 남에게 가르쳐줄 필요가 없다고 생각하는 것 같다. 막상 강연을 해보니 준비하면서 내가 배우는 것이 더 많았다. 알고는 있지만 설명하기 어려웠던 개념들을 정리할 수 있었다. KGC를 시작으로 이후 몇 번의 강연을 더 하면서 게임 시나리오에 대한 개념과 게임 시나리오 작업에 관한 나만의 체계를 완성할 수 있었다.

모바일 AOS 경험과 작은 회사에 다니면서 느낀 것

호기롭게 회사를 그만뒀지만, 재취업은 생각보다 어려웠다. 통장 잔

고가 거의 떨어져갈 때쯤 모바일 AOS[13]의 시나리오 외주 작업을 맡게 되었다. 기존의 러프한 설정을 다듬어서 세계관을 구체화하고, 캐릭터 개인 스토리를 만드는 작업이었다. 시나리오 작업을 마치고, 그 회사에서 콘텐츠 파트를 맡아 일하게 되었다. 돈이 궁한 상황이었기에 회사를 가리거나 할 처지는 아니었다. 더욱이 AOS는 국내에서 거의 만들어지지 않는 장르이기 때문에 좋은 기회라고 생각했다. 내가 경험하지 못한 장르라는 점이 마음에 들었다.

게임이 추구하는 방향성이 MMORPG와는 달랐기 때문에 시나리오 작법도 차이가 났다. 대전 액션이나 AOS 같은 캐릭터 중심 게임을 분석하면서 게임 캐릭터를 어떻게 만들어야 할지 고민했다. 대표적인 AOS 게임 〈리그 오브 레전드〉를 충분히 즐겨왔기 때문에 어렵지는 않았다.

회사의 규모가 크지 않았기 때문에 관여하는 분야가 늘어나면서 일이 많아졌는데, 퀘스트처럼 한 분야의 일만 하지 않아도 된다는 점이 좋았다. 그런데 언제부터인가 이해할 수 없는 지시 사항이 내려오기 시작했다. 흔히 작은 조직의 장점으로 '수평적인 구조'를 떠올리지만, 의외로 의사결정이 수직적으로 이루어졌다. 회사가 원하는 인재상은 토 달지 않고 위에서 시키는 대로 일하는 사람이었

---

13   Aeon of Strife, 〈워크래프트 3〉의 유저 제작 변형 게임(MOD) '도타
        (DotA)'와 비슷한 규칙을 가진 게임들을 총칭하는 장르명이다.

다. 물론 그런 방식으로도 회사가 운영될 수 있겠지만, 그러려면 결정권자의 역량이 뛰어나야 한다. 하지만 당시 결정권자들은 기획 관련 경력이 없었다.

권한을 주지 않는 곳에서 일하는 것은 성장에 전혀 도움이 되지 않는다. 계속 일하는 것은 시간 낭비라는 생각이 들면서 회사에 남을 이유가 사라졌다. 다시 일이 재미없어졌다.

무너져가는 조직 속에서 리더의 역할을 생각하다

마침 친구 회사에서 기획자를 구하고 있다고 해서 함께 일하게 되었다. PC 비전으로 어느 정도 성공한 게임을 모바일 버전으로 컨버팅하는 프로젝트였다. 모바일 RPG를 주도적으로 만들어 출시하는 것도 좋은 경험이 될 것 같았다.

가장 먼저 세계관과 스토리의 기본적인 방향성을 정리했다. PC 버전 게임의 시나리오 문서가 기본이 되었는데, 문서마다 내용이 완전히 달랐다. 설정이 충돌하는 것은 물론, 개연성이 떨어지는 내용이 많았다. 이런 일은 아주 빈번하다. 게임 개발이 체계적으로 이루어질 것 같지만, 기본적인 문서 관리조차 되지 않을 때가 많다. 업계 특성상 이직이 잦고 인수인계가 잘 되지 않는다는 것이 한 가지 이유다. 거기다 오랫동안 서비스된 게임이라 거쳐 간 작업자도 많았을 것이다. 그때 참고한 것이 이 게임의 열혈 팬인 어느 게이머가 정리한 스토리였다. 한심한 일이지만 회사 내부 문서보다 게이머가 작성한 문서의 완성도가 훨씬 높았다. 덕분에 스토리 정리 작업을 무사히 마무리 지을 수 있었다.

당시 나의 역할은 기획 파트장 정도 되었다. 당시 PD는 퍼즐 게임을 만들던 사람이라 RPG 제작 경험이 없었다. 물론 경험이 없다고 해서 RPG를 만들 수 없는 것은 아니다. 문제는 RPG를 좋아하지도 않아서 RPG 플레이 경험이 전무하다는 사실이었다. 가장 중요한 결정을 내려야 하는 PD가 RPG에 대해 아는 것이 없었다.

일을 시작하기 위해 진행 상황을 파악해보니 생각보다 심각했다. 제대로 된 기획이 없었다. 1년 반 넘게 걸려 만든 프로토타입은 하드코딩으로 구현되어 있었다. 하드코딩은 내가 제일 싫어하는 작업 방식이다. 하드코딩으로 구현한다면 당장 빠르게 만들 수 있지만, 잘못된 방식이기에 결국엔 다시 만들어야 한다. 그런데 의외로 하드코딩으로 만든 게임이 많다. 게임의 성공 여부가 불투명하기 때문에 일단 빠르게 만드는 것도 하나의 방법일 수 있지만, 개인적으로 선호하는 방식은 아니었다.

결국 처음부터 다시 기획해야 했다. 내가 일을 많이 하면 되니 문제 될 것은 없었다. 팀원들 모두 체계 없는 개발 과정에 답답함을 느끼고 있던 차였기에 내가 정한 개발 방향성이나 작업 프로세스에 대해 좋은 반응을 보여주었다. 과연 게임을 출시할 수는 있을까 의문스러운 상태에서 최소한의 청사진은 제시한 셈이었다.

그때부터 전혀 예상하지 못했던 상황이 전개되었다. PD 입장에선 내가 그동안 자신이 해온 일을 부정하는 것으로 여겨졌는지 급기야 일이 아닌 나의 태도를 문제 삼기 시작했다. 태도를 문제 삼으려고 한다면 문제 되지 않을 사람이 없다. 나는 그저 게임을 만들기 위해 열심히 일했을 뿐인데, 팀 내 정치 싸움이라는 결과를 낳고 말았다. 파트장 모두가 PD의 편을 들면서 어느 순간 나는 공공의 적이 되고 말았다. (참고로 파트장 과반수가 PD의 지인이었다.)

결국 윗선의 귀에까지 들어가서 흔히 말하는 '높으신 분들'과 대화를 나누게 되었다. 그동안의 개발이 어떤 점에서 잘못되었는지 설명하고 출시를 위해 필요한 기반 작업에 관한 구체적인 계획까지 제시하며 윗선을 설득하려 했다. 그러나 면담 이후 내가 진행하던 모든 작업이 중단되었고, 기획 회의에서도 배제되었다. 회사가 PD를 선택한 결과였다. 결국 나는 퇴사하기로 결정했다.

윗선과의 면담에서 나는 지금 PD는 절대 게임을 완성하지 못한다고 말했다. 그리고 정말 그 팀은 몇 개월 뒤 사라졌다. 회사 입장에선 2년 이상 진행한 프로젝트에 대한 비용을 고스란히 날린 셈이다. 어떤 게임이 성공하거나 실패한다면 모두 PD 책임이다. 누가 보더라도 실패할 것이 분명한 팀이 2년 가까이나 유지될 수 있었던 것은 프로젝트를 둘러싼 회사 내의 역학관계 때문이었다. PD가 높으신 분과 친했고, 그 덕에 프로젝트가 오래 살아남을 수 있었다. 인맥의 힘을 새삼스럽게 느끼면서 내가 대한민국에 있다는 사실을 직시할 수 있었다.

내가 당시 회사의 PD에 대해 대단한 악감정이 있는 것처럼 보이겠지만, 전혀 그렇지 않다. 그저 게임 시나리오 작가로서 나의 발자취를 톺아보는 과정에서 당시의 기억이 상기되었을 뿐이다. 이때의 경험은 극단적인 형태의 사내 정치가 조직을 어떻게 망가트리는지를 짧은 기간에 경험할 수 있도록 해주었다는 점에서 고마운 측면도 있다. 팀의 리더가 갖추어야 하는 자질과 해서는 안 되는 행동을 실제로 볼 수 있었다. 인생 최악의 경험이라 생각할 수 있는 일도 좋게 받아들이려는 건 내가 긍정적인 사람이라서가 아니라 성장하려는 의지가 강하기 때문이다. 실패에서 배우는 것이 오히려 더 많다. 실패도 실패가 아니다.

p.s. 두 번째 회사에서 일하면서 가장 어이없었던 건 주말 출근과 야근 강요였다. 윗선에 열심히 하고 있다는 것을 보여주기 위한 정치적인 액션에 팀원 모두가 희생되었다. 야근과 주말 출근은 게임을 만드는 과정에서 있을 수 있는 일이지만, 팀원들이 납득하지 못한다면 사기만 저하될 뿐이다. 안타깝게도 이런 관리자가 의외로 많다.

또 다른 꿈을 꾸다

새로운 구상, 게임 시나리오 컨설팅 회사

NC소프트를 그만둔 이후 경험한 두 곳의 회사에서는 기대만큼의 성과가 없었다. 조직문화의 최악과 차악을 경험했다. 나로선 회사에서 일하는 것 자체에 대해 근본적인 고민을 하게 되었다. 특히 리더의 역량은 직접 경험하기 전까진 알기 어렵다. 나는 역량이 떨어지는 사람의 지시를 따르는 것에 극도의 거부감을 느끼는데, 잘못된 방향성은 결국 문제가 된다는 사실을 오랜 경험으로 알기 때문이다.

처음에 NC소프트를 퇴사할 때는 '보다 주도적으로 일할 수 있는 작은 조직을 찾아보자'고 생각했다. 아이러니하게도 내가 회사 생활을 하면서 가장 주도적으로 일할 수 있었던 곳이 NC소프트였다. 결국 조직의 규모가 아니라 리더의 문제였다. 주도적으로 일할 수 있는 방법을 고민하다 생각한 것이 게임 시나리오 컨설팅 회사 창업이었다.

게임 시나리오는 게임 개발을 위한 필수 작업 중 하나다. 그러나 실무에선 게임이 거의 완성되고 난 이후에 시나리오 작업을 하는 것이 일반화되어 있다. PC에서 모바일로 플랫폼이 바뀌고, 모바일 RPG의 성공 공식이 만들어진 이후 게임에서 시나리오가 차지하는 비중은 더 낮아졌다. 게임 시나리오 작가는 작업 특성상 바쁜 시기가 지나면 일거리가 줄어든다. 회사 입장에선 게임 시나리오 작가가 딱히 별다른 일을 하지 않아도 임금을 지급해야 하는 상황이 발생하는 것이다. 큰 회사라면 별로 부담되지 않겠지만, 작은 회사라면 고용 자체를 고민해야 할 수 있다.

원하는 시기에 고용하기 어렵고 비전문가가 전문가를 평가해야 한다는 것도 문제다. 또 게임 시나리오 파트는 사수 개념이 희박한 편이라 노하우가 생겨도 사장될 확률이 높다. 체계가 부족할 수밖에 없는 구조다.

게임 시나리오 컨설팅은 이러한 어려움을 해결하는 서비스다. 원하는 시기에 전문가와 협업할 수 있다는 점은 확실한 장점이어서 일정 관리가 쉬워진다. 게임 시나리오 작가가 있어도 개인적인 취향에 간혀버린다면 그것도 문제다. 중이 제 머리 못 깎는 법이다. 컨설팅을 통해 제삼자의 입장에서 바라보면 내부에서 드러나지 않는 문제점을 발견하고 개선할 수 있다. 특히 작은 회사 입장에선 니즈가 확실한 서비스라 생각했다.

오랜 꿈을 실현하다, 게임 시나리오 작법서 출간 계약

게임 시나리오 컨설팅 회사 창업을 준비하면서 구체화한 계획 중 하나가 게임 시나리오 작법서 집필이었다. 어느 한 분야의 전문가로 인정받는 데 책을 내는 것만큼 확실한 것이 없다. 내가 가진 게임 시나리오에 관한 지식은 모두 독학한 것이었다. 소설과 영화의 스토리 작법을 게임에 적용하는 과정에서 나만의 이론과 방법론이 만들어졌다. '스토리'라는 공통점이 있지만, 소설이나 영화는 게임과 다른 매체다. 그러나 대부분의 게임 시나리오 작법서는 소설이나 영화의 작법을 그대로 가져오거나 〈월드 오브 워크래프트〉와 같은 유명 게임의 형식을 설명하는 수준에 머무른다. 그럴듯해 보이는 형식에 집착하기도 한다. 딱히 참고할 만한 책이 없는 현실이다. 나 역시 이로 인해 어려움을 겪었다. 게임 시나리오 작법서를 집필하고 싶다는 것은 업계에 와서 생긴 오랜 꿈 중 하나였다.

책을 내고 싶은 출판사는 메이저 IT 출판사로 손꼽히는 한빛출판사였다. 게임 개발자 콘퍼런스에서 강연을 준비하면서 이론적 토대를 쌓는 등 나름대로 천천히 준비해가던 중에 북커톤에 참여하게 되었다. 해커톤 형식을 빌려서 하루 만에 책을 쓰는 행사였다. 나의 주제는 '게임 시나리오 작법서'였다. 현실적으로 하루 만에 책을 쓴다는 것은 불가능한 일이지만, 시도하는 것 자체는 의미가 있다고 생각했다.

북커톤 참여자들 중 출판 가능성이 있는 4명이 발표되었다. 나는 그 4명 안에는 들지는 못했지만, 심사에 참여한 출판사의 과장님이 좋게 보시고 따로 연락을 주셨다. 그 출판사가 바로 한빛미디어였다.

그렇게 운명적으로 내가 원하던 출판사와 계약을 맺을 수 있었다.

창업 교육을 통해 얻은 단순하고 대단한 깨달음

책을 쓰면서 본격적으로 창업을 준비했다. 판교에 있는 한 기관을 선택해 창업 교육을 받았다. (요즘엔 무료 혹은 적은 비용으로 창업 교육을 받을 수 있는 기관이 많다.) 뭔가를 많이 배워서라기보다는 나처럼 창업을 생각하는 사람들과 함께한다는 것 자체로 의미 있는 일이었다. 창업이라는 생태계는 그동안 나의 삶과는 완전히 다른 세계였다. 관심을 가질수록 나의 세계관이 확장되는 것을 느꼈다.

창업을 준비하면서 기획의 개념을 새롭게 정의할 수 있게 되었다. 내가 생각하는 기획의 정의는 '방향성을 정하고(문제 정의) 그 방향성을 구체화하는 것(문제 해결)'이다. 고객을 정의하고, 그 고객이 필요로 하는 것을 구체화한다면 수익을 낼 수 있다. 오프라인 강의를 듣기 어려운 고객을 위해 온라인 강의를 만드는 것이 그 예다. 놀라운 사실은 스토리 작법도 기획의 관점에서 설명할 수 있다는 것이었다. 전달하고 싶은 스토리를 어떻게 전달할 것인지 구체화하는 과정이 스토리 창작의 과정이다.

전혀 연관성이 없다고 생각한 것들이 연결되어 있었다. 영화와 게임, 게임과 창업, 창업과 영화도 큰 맥락에선 같았다. '문제 정의'와

'문제 해결'이라는 아주 단순한 과정으로 모든 것을 설명할 수 있다는 사실은 대단한 깨달음이었다.

세 번째 모바일 게임 회사 : AR 게임 프로젝트

창업 교육을 받으며 알게 된 코치님이 창업하는 회사에 참여하게 되었다. 나는 기술력을 제공하고 지분을 받았다. 표면적으로는 지분을 가진 임원이었지만, 어차피 지분은 수익이 나야만 의미 있는 것이었기에 큰 의미를 두진 않았다. 초기 스타트업이었기 때문에 게임 시나리오 외주 작업을 병행하며 프로젝트를 진행했다. 조건만 따진다면 굳이 이 회사에 합류할 이유가 없었다. 게임 업계의 많은 사람이 말하는 피해야 할 회사의 조건은 다 갖추고 있었으니까. 그럼에도 AR이라는 새로운 형식의 게임을 주도적으로 만들어볼 수 있다는 점에 대단한 매력을 느꼈다. 프로젝트가 실패하더라도 나는 성장할 수 있으리라는 확신이 있었다.

그때 진행한 프로젝트는 쉽게 말해 〈포켓몬 고〉의 탐정 버전이다. 가제도 '셜록 홈스 AR'이었다. 〈포켓몬 고〉에서 게이머가 포켓몬 트레이너가 되었다면, 이 게임에선 탐정이 된다. 현실의 장소를 돌아다니면서 추리하고 사건을 해결하는 게임이었다. 기존에 없던 시도였기 때문에 대단히 많은 시행착오를 거쳐야 했다. 게임 내적인 부분보다는 현실적인 허들이 높았다.

GPS 기반 게임인데 GPS가 정확하지 않은 지역이 많아서 원하는 수준의 경험을 제공하기 어려웠다. 또 기본적으로 안전한 장소에서 게임을 플레이할 수 있어야 하기 때문에 장소의 제약이 많았다. 날씨도 문제였다. 덥거나 추우면 야외 활동이 줄어들기 마련이다. 날씨가 좋아도 미세먼지가 있는 날은 활동이 제한적일 수밖에 없다. 햇빛이 강한 날엔 야외에서 스마트폰 화면을 보기 어렵다는 것도 문제였다. 처음 생각했던 것 이상으로 제약이 너무 많았다.

결국 넓은 장소만 확보된다면 플레이할 수 있는 형태의 게임으로 방향성을 선회했다. 그러자 다양한 아이디어를 떠올릴 수 있었다. 만들어지고 활성화되기만 한다면 어느 정도 가능성 있는 게임들이었다. 서버 개발자를 구해야 했지만, 스타트업 특성상 채용이 쉽지 않아서 외주를 주었다. 그런데 외주 개발자가 일정을 계속 연장하는 바람에 전체 일정이 완전히 틀어져버렸다. 서버가 해결되지 않은 상태에서 원래 기획한 대로 게임을 출시할 수는 없었다. 결국 서버 없이도 플레이할 수 있는 게임을 만들기로 했다. 급한 대로 두 개의 게임을 만들어 출시했을 즈음, 사무실 계약 기간도 끝이 났다. 회사 자금 사정이 넉넉한 편이 아니었고, 별다른 성과도 없는 상황이었기에 회사는 그대로 문을 닫게 되었다.

마지막 회사는 개인적으로 가장 아쉬움이 많이 남는 곳이다. 무엇보다 대표님이 그동안 내가 경험한 중 가장 이상적인 리더였다는 점에서 그렇다. 중요한 결정은 팀원들과 회의한 뒤 내렸고, 대표로서 일방적으로 결정해도 되는 사항까지 팀원들에게 설명해주셨다. 개발자들은 게임만 열심히 만들면 되는 환경이었다. 정말로 재미있게 회사에 다녔다. 그 회사에서 성공하고 싶었지만 그러지 못했다. 그때 우리가 수익을 낼 수 있는 게임부터 만들면서 천천히 AR 게임을 제작했다면 결과가 달라지지 않았을까 하는 쓸데없는 생각을 이따금 하곤 한다.

홀로서기

구체적인 성과는 없었지만, 마지막 회사에서도 나는 성장할 수 있었다. 수익을 내는 것보다는 새로운 형태의 AR 게임을 만드는 데 집중하면서 다양한 생각을 할 수 있었다. 단순히 게임을 만드는 것에 그치지 않고 더 나아가 AR 게임의 본질에 대해 고민했다. 처음엔 몰랐지만, VR 게임과 AR 게임은 본질적으로는 같다. 이 생각이 발전하면서 캐릭터와 플레이어가 게임 스토리를 분류하는 기준이 될 수 있다는 사실을 깨달았다. 이러한 생각은 당시에 쓰고 있던 게임 시나리오 작법서에 고스란히 담겼다.

마지막 회사를 끝으로 실업 급여를 받는 백수가 되었지만 할 일은 있었다. 미루고 있던 게임 시나리오 작법서 집필을 끝마쳐야 했다. 출판 계약을 맺고 2년이 지난 시점이어서 더 미루기도 어려운 상황이었다. 일도 없던 시기라 책 쓰기에만 집중할 수 있었다. 책을 쓴다는 건 생각보다 어려운 작업이었다. 더군다나 이론서였기 때문에 신경 쓸 것들이 많았다. 각 장의 원고를 마무리 지을 때마다 편집자님께 피드백을 받고 개고하는 과정이 반복되었다.

어렵게 초고를 완성했을 때, 출판사 다른 편집자님을 통해 내가 생각하지 못했던 문제점을 지적받았다. 오랫동안 글을 써온 입장에서 기분이 상하긴 했지만, 반영할 수 있는 피드백은 다 반영하기로 했다. 결국 원고를 처음부터 다시 써야 했다. 내가 쓴 글을 객관적으로 바라보기 위해 며칠간은 아무 작업도 하지 않았다. 그제야 그전까지 보이지 않았던 문제점이 보이기 시작했다. 확실히 이해하기 쉽도록 수정할 필요가 있었다. 기본적인 내용은 달라지지 않았지만, 대대적인 수정 작업을 통해서 훨씬 좋은 책이 되었다.

그렇게 2018년 12월 『이론과 실전으로 배우는 게임 시나리오』를 출간하게 되었다. 내가 집필한 책을 서점에서 찾아볼 수 있다는 건 엄청난 기쁨이다. 그보다 좋았던 건 책을 쓰면서 스스로 게임 시나리오와 방법론에 대한 체계를 확실히 세울 수 있었다는 점이었다. 알고 있는 내용이었지만 생각하고 정리하는 과정에서 더 깊게 이해하게 되었다.

책 쓰기와 강연 준비는 나의 지식을 다른 이에게 전달하고·이해시키는 것을 목적으로 한다는 공통점을 갖는다. 차이가 있다면 양이다. 책은 강연보다 더 많고 깊이 있는 내용을 다루어야 했기에 고민이 많았다. 그만큼 더 성장할 수 있었다. (이 책은 2019년 세종 도서로 선정되었다. 대단한 영광이다.)

책을 출간하고 본격적인 홀로서기가 시작되었다. 내가 생각하는 게임 시나리오 컨설턴트는 용병에 가깝다. 게임 시나리오 컨설팅을 받는다는 것은 외부의 도움을 받아 게임 시나리오의 완성도를 높이는 일이다. 하지만 회사에 소속되지 않은 누군가가 내부의 일에 관여한다는 점에서 불편할 수 있는 일이다. 또 게임 시나리오 컨설팅 자체가 새로운 개념이기에 익숙하지 않아 거부감 드는 것이 당연하다. 그래도 열심히 하다 보면 언젠가는 게임 시나리오 컨설턴트라는 직업이 직업 사전에도 등재되는 날이 오지 않을까 기대해본다.

제6장

그래도
게임 시나리오
작가가
되고 싶다면

게임 시나리오 작가가 되려면
어느 학교에 가야 하나요?

게임 기획자나 게임 시나리오 작가를 꿈꾸는 학생이라면 공부만 열심히 하면 된다. 괜히 게임 기획자가 되겠다느니, 게임 시나리오 작가가 되겠다느니 하면서 부모님과 갈등을 빚을 필요가 없다. 게임 업계가 학벌을 적게 볼 뿐이지 보지 않는 것은 아니다. 공채로 지원한다면 당연히 학벌 좋은 사람이 유리하다. (보통은 전문학사 이상의 학력을 요구한다.) 후보자들 간 실력 차가 크지 않다면 학벌도 중요한 평가 기준이 되기 때문이다. 상위권 학교 출신일수록 알게 모르게 선택의 폭이 넓어지는 건 아직까지 우리나라에선 어쩔 수 없는 일이다.

무엇보다 게임 시나리오 작가가 되는 데 전공은 중요하지 않기 때문에 이왕이면 좋은 학교에 가는 것이 좋다. 가끔 게임 기획자나 게임 시나리오 작가를 꿈꾸는 학생들을 상담해주기도 하는데, 마지막에 하는 말은 항상 같다.

지금은 아무것도 생각하지 말고
열심히 공부해서 (갈 수 있다면) 서울대에 가자.

게임 시나리오 작가에게
전공이 중요하지 않은 이유

아리스토텔레스가 거의 모든 학문에 능통할 수 있었던 이유는 그가 철학자였기 때문이다. 철학은 모든 학문의 시작점이다. 정약용이 500권 넘는 저서를 남길 수 있었던 것도 같은 맥락이다. 한 분야의 전문가가 된다면 그 원리를 다른 분야에 적용하는 것은 어렵지 않다. 주변에 일머리[14]가 있는 사람을 살펴보면 분야와 상관없이 일을 잘한다. 내가 게임 시나리오 작가에게 전공이 중요하지 않다고 하는 이유는 뭐든 하나만 잘하면 된다고 생각하기 때문이다. 게임 시나리오 작업을 하는 데 필요한 것은 지식보다는 지식을 얻는 과정에서 길러진 사고력이다.

조금 더 구체적으로 말한다면 '논리적 사고'를 배워야 한다. 스토리에서는 '개연성'이 중요하다. 사건의 연결이 논리적이어야 한다는 것이다. 게임 시나리오 작업은 다른 사람을 설득하는 일이기도 하다. 먼저 나를 설득할 수 있어야 팀원을 설득할 수 있다. 게이머를 설득하는 것은 가장 마지막이다. 업계에서 일하면서 팀원을 설득하지 못하는 게임 시나리오 작가에 대한 이야기를 정말 많이 들어왔다. 바로 옆에서 지켜본 적도 있다.

---

14   일하는 요령을 말한다.

"논리적 사고? 그게 뭐가 어렵냐"라고 생각할지도 모르겠다. 그러나 개연성이 부족하다고 비판받는 수많은 스토리의 상당수는 프로의 창작물이라는 점을 알아야 한다. 프로 중에서도 논리적으로 사고하는 역량이 부족한 이들이 많다. '논리적 사고'의 다른 표현은 '비판적 사고'다. 다르게 쓰이지만, 기본 개념은 크게 다르지 않다. 논리가 있어야 비판할 수 있으며, 비판하려면 논리가 필요하다. 따라서 논리적 사고가 가능하다면 할 수 있는 일은 엄청나게 늘어난다. 게임 시나리오 작가도 그중 하나다.

논리적 사고를 배우려면 글쓰기에 신경 써야 한다. 조던 피터슨은 비판적으로 생각하는 법을 익히는 가장 좋은 방법으로 글쓰기를 꼽았다. 의도하진 않았지만 내가 대학교에 다니면서 잘했다고 생각하는 것 중 하나가 앞서 이야기한 '무식하게 리포트 쓰기'였다. 리포트의 주제가 정해지면 관련 책이나 논문 등 찾을 수 있는 자료는 모두 찾았다. 저마다 다른 주장을 펼치는 자료들 안에서 결론을 도출하는 건 쉽지 않은 일이다. 그럼에도 꾸준히 해나가다 보니 조금씩 나아지는 나 자신을 발견할 수 있었다. (자신이 쓴 리포트를 1년 단위로 비교해보면 알 수 있다.) 그 순간의 쾌감은 상당하니 여러분도 반드시 느껴보길 바란다.

그럼에도 게임 시나리오 작가에게 도움이 되는 전공

1. 인문학 관련 학과

인문학은 게임 시나리오 작가의 밥줄이다. 특정 분야에 조예가 있다면 강력한 무기가 된다. 특히 역사를 잘 알면 활용 가치가 높다. 『다빈치 코드』를 쓴 댄 브라운은 역사나 종교를 소재로 한 소설로 유명하다. 다만 기억해야 할 점이 있다면 인문학은 문과 전공이며, 지금은 문과가 처대받는 시대라는 점이다. '문송합니다(문과여서 죄송합니다)'라는 말은 여전히 유효하다. 문과가 상대적으로 취업이 어렵기 때문이다. 그러나 게임 같은 콘텐츠를 만들고 싶다면 인문학은 분명 유용한 학문이다.

2. (게임학과를 제외한) 콘텐츠 창작 관련 학과

머릿속으로 아이디어를 떠올리는 것과 완결된 형태의 스토리로 구체화하는 것은 완전히 다른 작업이다. 그래서 이런 경험을 할 수 있는 학과도 게임 시나리오 작가에게 많은 도움이 된다. 문예 창작, 영화, 만화, 연극, 광고 등은 분야는 다르지만, 기본적인 창작 과정은 매체와 상관없이 유사하다.

그러나 게임학과를 추천하고 싶지는 않다. 전보다는 나아졌다고 하지만, 여전히 전문성이 의심스러운 것이 사실이다. 언젠가 게임 대학원 교수님과 이야기할 기회가 있었는데, 게임 시나리오가 게임에서 차지하는 비중이 70퍼센트 이상이라고 했다. 그 말을 듣고 대학원을 알아보려던 생각을 바로 접었다. 게임 제작 실무 경험이 없는 사람이나 할 법한 말이었다.

게임 기획자가 아니라 게임 시나리오 작가가 되고자 한다면 더더욱 게임학과에 갈 필요가 없다. 대학교 3~4년을 다녀도 게임 시나리오 수업은 2회를 넘지 않을 것이다. 게임을 전공하는 만큼 도움 되는 부분도 분명 있겠지만, 다른 학과에 다니면서도 게임 시나리오 작가가 되기 위한 준비를 충분히 할 수 있다. (4년은 정말 긴 시간이다.)

게임학과를 추천하지 않는 또 다른 이유는 시야가 좁아질 수도 있다는 점이다. 게임을 이해하는 방법의 하나로 다른 매체와 비교해 보는 것이 있다. 매체마다 고유의 문법이 존재하기 마련인데, 다른 매체의 문법과 게임의 문법을 비교하는 과정을 통해 게임과 게임 시나리오를 더 깊이 있게 이해할 수 있다. 영화를 전공한 내가 그 실제 사례다. 게임은 어차피 평생 만들 수 있으니 대학교에서는 다른 콘텐츠를 만들어보자. 게임 시나리오 작업을 하는 데 엄청난 자산이 될 것이다.

게임 시나리오 작가 되는 법

1. 회사의 채용 공고를 보고 지원

게임 회사는 '게임잡'이라는 사이트를 통해 채용 공고를 낸다. 지인 추천을 제외한다면 가장 일반적인 경로다. 주의할 점이 있다면, 게임 시나리오 파트는 신입의 개념이 없다는 사실이다. 신입 게임 기획자라면 회사는 신입이 할 수 있는 수준의 일을 맡긴다. 그러나 게임 시나리오 작가는 팀에 1명인 경우가 대부분이라 신입과 경력의 구분이 없다. 물론 업계 경력이 처음이면 '신입'으로 불릴 수는 있지만 하는 일 자체는 경력사와 같다. 게임 회사에서 일하고 싶다면 경력자와 경쟁해야 한다.

2. 게임 기획자로 일하다 게임 시나리오 작가로 전직

규모가 작은 회사에서는 게임 기획자가 여러 파트의 일을 담당한다. 사람을 들인다는 건 쉽지 않은 일이기에 신중해질 수밖에 없다. 계약직 직원을 채용하거나 외주 작업자를 고용하는 것도 방법이지만, 그 전에 팀 내에서 작업자를 찾기 마련이다. 콘텐츠 기획자로 일하고 있다면, 게임 시나리오 작업까지 맡게 될 확률이 높다. 그러다 게임 시나리오 작업에 익숙해지면 전직하면 된다.

게임 기획자로 일하다 게임 시나리오 작가가 된다면 경력적인 측면에서도 유리하다. 비주얼 노벨류의 게임이 아니라면 게임 이해도가 높은 게임 시나리오 작가를 선호할 수밖에 없다. 따라서 게임 기획 업무 경험이 있다면 게임 시나리오 작업에도 많은 도움이 된다. 지금은 게임 시나리오 작업 위주로 일하고 있지만, 나 역시 시작은 게임 기획자였다.

3. 웹소설이나 웹툰 작가로 일하다 게임 시나리오 작가로 전직(혹은 겸업)

게임 시나리오 작가의 한계 중 하나는 온전히 자신만의 생각이 담긴 스토리를 만들어내지 못한다는 점이다. 기본적으로 게임 시나리오는 회사가 원하는 형태의 작업이어서 일하다 보면 오리지널 스토리를 창작하고 싶다는 생각이 들기 마련이다. 웹소설이나 웹툰 같은 콘텐츠 창작은 필연적인 선택이 될 수 있다. 어쩌면 닭이 먼저냐 알이 먼저냐의 문제다. 그래서 게임을 의식하지 않고 스토리 창작에만 집중하다 기회가 되었을 때, 게임 시나리오 작가로 전직하는 것도 나쁘지 않은 방법이다.

게임 시나리오 작가 지원자가 신입이라면 역량을 검증하기 어렵다. 그러나 웹소설, 웹툰 연재 경험이 있다면 그 자체로 포트폴리오가 된다. 특히 비주얼 노벨류 게임을 만드는 회사라면 더더욱 입사에 유리하게 작용한다.

게임 회사 입사가 아니더라도 작업물이 인기가 좋다면 게임화될 가능성이 생긴다. 그때 자연스럽게 시나리오 작업에 참여할 수 있다. 검수 수준에 그칠 수도 있지만, 협의하기에 따라 시나리오를 맡아서 훨씬 나은 조건에서 일하게 될 수도 있다.

4. 인디 게임 제작 참여

게임 시나리오 작가가 되고 싶다면 자신이 원하는 걸 명확히 할 필요가 있다. 나는 게임을 만들고 싶은 것인가, 돈을 벌면서 게임을 만들고 싶은 것인가? 게임을 만들고 싶다는 사람들은 보통 후자를 선택하고, 그것이 가장 이상적일 수 있다. 그러나 인디 게임 개발에 참여하는 것도 게임 시나리오 작가가 되는 방법의 하나다. 게임이 성공하면 좋고, 실패해도 경험을 쌓을 수 있다는 점에서 손해는 아니다. 이론도 중요하지만, 이론을 실제로 적용하는 과정에서 가장 많이 배우기 때문이다. 또한 인디 게임 제작 이력이 포트폴리오가 될 수 있다. 누구와 작업할지는 신중하게 선택하자. 학생이라면 마음 맞는 친구들과 시도해보자.

게임 회사에서 원하는 게임 시나리오 작가

원하는 회사에 입사하는 방법은 지극히 쉽다. 그냥 회사가 원하는 인재가 되면 된다. 너무 뻔한 답처럼 보이지만, 회사가 원하는 인재상은 채용 공고에 다 나와 있다. 그에 부합하는 사람이라면 채용될 확률이 높아진다. 공고의 내용은 비슷한 듯하지만 회사마다 차이가 있기 때문에 잘 살펴야 한다. 포트폴리오 역시 회사가 필요로 하는 역량이 잘 드러나 보이도록 제작하는 것이 좋다. 보통은 범용성 있는 포트폴리오로 여러 회사에 지원하기 때문에 맞춤형 포트폴리오를 만들면 확실히 플러스 요인이 된다.

당연한 말이지만, 지원한 회사와 그 회사가 개발한 게임에 대해서도 잘 이해하고 있어야 한다. 의외로 이 부분에 신경 쓰지 않는 사람이 많은데, 포트폴리오나 면접에서 티가 나기 마련이다. 특히 라이브 서비스 중인 게임의 작가로 지원했다면 해당 게임을 누구보다 잘 알고 있어야 한다. 면접에서 게임에 대한 이해도를 어필한다면 그만큼 고용될 확률이 높아진다. 누구나 내 새끼를 예뻐해주는 사람을 좋아한다. 회사와 면접관의 입장에서 생각하자. 지원자들의 역량이 비슷하다면 조금이라도 성의를 보이는 지원자에게 더 관심 가는 게 당연하다.

게임 시나리오 작가의 미래

게임 시나리오 작가의 장점을 꼽으라면 정규직으로 일할 수 있다는 점이 있다. 스토리 창작을 하면서 안정적으로 월급 받을 수 있는 직종은 많지 않다. 소설(웹소설), 만화(웹툰), 드라마, 영화 창작자는 프리랜서로 일하는 경우가 많다. 애니메이션 시나리오 담당자도 회사에 소속되어 일할 수 있지만, 전체적인 대우만 따진다면 게임 쪽이 낫다. 실제로 애니메이션 업계에서 게임 업계로 넘어오는 인력도 많다. 물론 계약직이나 프리랜서 게임 시나리오 작가도 있지만, 많은 사람이 원하는 정규직으로 일할 수 있다는 점은 의미가 있다. 게임이 흥행 산업이라는 점에서 특이한 형태의 고용이긴 하다.

게임 시나리오 작가나 지망생이라면 창작욕이 있다. 이런 사람은 평범한 일에 만족하기 어렵고, 어떤 형태로건 창작 활동을 해야 한다. 그러지 않으면 불행해질 수도 있다. 과거의 내가 몇 개월간 잠도 거의 자지 않으면서 일할 수 있었던 것도 게임을 만드는 과정에서 즐거움을 느꼈기 때문이다. 회사가 본인과 잘 맞기만 한다면 출근이 기다려지고 퇴근이 싫어지는 놀라운 경험을 할 수도 있다. 게임 시나리오 작가는 '일하면서 창작욕을 해소할 수 있는' 대단한 직업이다.

물론 이런 직업이 게임 시나리오 작가뿐인 건 아니지만, 게임과 스토리를 좋아하는 사람에게는 최고의 직업이라고 단언할 수 있다.

실제로 네이버 지식인에 게임 시나리오 작가에 관한 질문이 수도 없이 올라오는 것도 이런 이유 때문이다. 하지만 막상 게임 시나리오 작가가 되고 나면 본인이 상상했던 것과는 다르다고 생각할 수도 있다. 그럼에도 의미 있는 시도이자 성과였다는 것만은 분명하다. 최소한 가보지 않은 길에 대한 후회는 남지 않는다.

현재까지 게임 시나리오 작가의 가장 큰 단점 두 가지는 연봉이 상대적으로 낮다는 것과 회사가 원하는 스토리를 만들어야 한다는 것이다. 생각하기에 따라선 치명적인 결함이다. 그럼에도 게임 시나리오 작가의 미래는 지금보다 나을 수 있다고 생각한다.

긍정적인 가능성 1: 게임 시나리오 작가의 위상 상승

오늘날 게임 시나리오 작가의 영향력이 줄어든 것은 스토리가 중요하지 않은 게임이 만들어지기 때문이다. 플랫폼도 달라졌다. 과거에는 PC 시장이 주류였지만, 지금은 모바일 시장이 더 커졌다. 문제는 모바일은 태생적으로 게임만을 위한 플랫폼이 아니라는 점이다. 물론 PC 역시 주된 용도는 게임이 아니다. 그러나 디스플레이(모니터)와 입력장치(키보드)가 분리되어 있어서 게임 플레이에 어려움이 없다. 반면 모바일은 디스플레이와 입력 장치가 동일해서 조작에 어려움이 많다. PC 게임을 모바일 게임으로 컨버팅하여 출시하려면 조작 방식에 대한 기획은 필수다. 그러면서 게임의 성격도 달라진다. 플레이(조작)를 최소화하는 것이 기본적인 방향성이다. 플레이가 사라지는 순간 스토리 역시 힘을 잃게 된다.

다행스러운 일이라면 캐릭터 수집형 RPG 게임에 지겨움을 느끼는 게이머들이 늘어나고 있다는 사실이다. 〈가디언 테일즈〉와 〈원신〉의 흥행이 그 증거다. 이 두 게임은 기존 PC 게임이나 콘솔 게임과 마찬가지로 '플레이가 존재하는 게임'이다. 게임이 기본적으로 플레이에 초점을 맞추고 있다. 캐릭터 수집형 RPG와의 가장 큰 차이는 필드가 존재한다는 것이다. 많은 게이머가 생각하는 '게임 같은 게임'으로 되돌아간 형태다. 조작이 불편한 모바일이라는 플랫폼에서 이런 게임이 나왔다는 점에서 큰 의미가 있다.

필드가 기능적으로 작동하는 게임과 그렇지 않은 게임의 플레이 경험은 확연한 차이가 난다. 필드, 즉 '공간'은 스토리텔링 경험을 결정하는 중요한 장치이자 도구다. 공간이 중요한 게임일수록 게임 시나리오 작가의 영향력은 높아진다. (캐릭터 수집형 RPG도 엄밀히 따진다면 플레이가 맞지만, 캐릭터를 직접 조작하는 형태가 아니라 매니지먼트에 가깝다.)

계속해서 공간을 강조했는데, 연장선상에서 VR/AR 게임과 게임 시나리오 작가의 미래를 연결하여 생각할 수 있다. 언제가 될지는 모르겠지만, VR/AR 게임은 분명 게임 산업에서 중요한 위치를 차지하게 될 것이다. 기존의 게임이 간접 경험이었다면, VR/AR 게임은 직접 경험에 가깝다. 내가 게임의 주인공이 되며, 나를 둘러싸고 있는 공간이 중요해진다. 어떤 공간을 만드는가에 따라 게임의 몰입도가 달라진다.

이런 공간을 구성하는 시작점이 되는 것이 세계관이며, 세계관 창조는 게임 시나리오 작가의 주된 업무다. VR/AR의 핵심인 reality는 게임 시나리오 작가에 의해 창조된다. 이런 게임이라면 게임 시나리오 작가가 플레이 경험에 미치는 영향력이 커질 수밖에 없다. '게임의 세계를 창조하는 게임 시나리오 작가 어쩌고…' 하는 문구가 현실이 되는 것이다.

물론 당장은 게임 시나리오 작가의 위상이 내가 생각하는 것과 같이 변화하지 않을 수도 있다. 그러나 2020년 〈하프라이프: 알렉스〉와 같은 게임이 나온 것을 보면, 그 시기가 앞당겨질 수도 있겠다는 생각도 든다.

마지막으로 플랫폼 변화도 주목할 필요가 있다. 모바일의 한계 중 하나는 작은 화면이다. 화면이 작다 보니 공을 들여 필드를 구성해도 효과가 떨어진다. 플랫폼 특성상 기본적인 UI도 복잡한 편이다. 그래서인지 모바일 일변도였던 과거와 달리 국내 게임 회사들도 PC(주로 스팀)나 콘솔 게임을 갈수록 많이 출시하는 추세다. 이런 흐름이 지속된다면 게임 제작 과정에서 게임 시나리오 작가가 해야 할 일이 많아진다. 텍스트 위주의 작업에서 벗어나 기획력을 더 필요로 하게 될 것이다. 자연스럽게 기획력을 가진 게임 시나리오 작가의 수요가 증가할 것이라 예상된다. 모바일 시대와는 다른 위상을 가지게 될 것이 분명하다.

덧붙이자면 2021년 IT 업계의 주요 이슈 중 하나는 엔지니어[15] 중심의 몸값 상승이다. 그동안 게임 개발자들이 게임을 좋아한다는 이유만으로 하는 일에 비해 낮은 대우를 받아온 것이 사실이다. 그러나 좋아하는 일보다 연봉이라는 현실적인 요인을 중시하는 사람이 늘어나면서 게임 회사를 꺼리는 상황까지 벌어지고 있다. 회사 간 인재 경쟁이 가열되었고, 연봉 상승이라는 결과로 이어졌다. 긍정적인 변화임에는 틀림없다. 전문성과 가치에 대한 평가가 제대로 이루어진다면, 게임 시나리오 파트 역시 그만큼의 대우를 받을 수 있는 환경이 조성된 셈이다.

긍정적인 가능성 2: 활용 가치가 높은 게임 시나리오 작법

스토리 창작 이론이 가장 발달한 매체는 영화다. 일단 영화라는 매체가 가진 파급력이 워낙 크기 때문이다. 산업적인 측면에서도 그렇

---

15   게임 업계에서 엔지니어라 하면 기술 파트(클라이언트, 서버)에서 일하는 사람을 말한다.

지만 예술로 부를 수 있다는 점에서 더욱 영향력이 크다. 예술 영화는 있어도 예술 드라마는 없다. 드라마 배우보다 영화배우가 더 있어 보인다. 대중의 시선과 생각 자체가 그렇다. 서점에서 스토리 작법과 관련된 책을 찾아보면 영화 시나리오 작법서가 압도적으로 많다. 영화 시나리오를 쓰지 않더라도 스토리 작법을 공부한다면 영화 시나리오 작법서로 공부하는 것이 일반적이다.

이제 게임 시나리오 작법에 관해 생각해보자. 게임과 가장 닮은 매체는 영화다. 게임 시나리오 작법은 기본적으로 '영화 시나리오 작법+게임만의 시나리오 작법'의 구성이다. 중요한 것은 게임만의 시나리오 작법이다. 아직 역사가 짧아서 체계화되지는 않았지만, 그럼에도 게임 특유의 '문제 해결의 시나리오 쓰기'는 스토리 창작에 아주 강력한 힘을 발휘한다.

게임 시나리오 작가는 기본적으로 제한된 리소스를 활용해서 스토리를 만들어낼 수 있어야 한다. 그 과정에서 주어지는 문제, 이를테면 플레이 타입이 전투밖에 없다거나 제작하기로 한 캐릭터나 배경이 사라진다거나 하는 이슈에 대응해야 한다. 일정과 리소스라는 제약은 게임 시나리오 작가를 압박하며, 제약이 많을수록 그 안에서 만들어낼 수 있는 스토리의 폭은 좁아진다. 캐릭터 수집형 RPG의 스토리텔링 경험이 떨어지는 것도 이 때문이다. '대화' '전투' '컷 신(비용을 들였을 경우)'에 의존해야 하므로 전개 가능한 사건이

뻔할 수밖에 없다. 이런 식의 어려움을 해결하기 위해선 기획적 사고가 필요하다.

기획된 스토리는 상품성을 가진다. 최근에 '스토리 창작'보다 '스토리 기획'이라는 개념이 중요하게 떠오르는 것도 이 때문이다. 게임 시나리오 작가는 기획 의도에 맞는 스토리를 누구보다 빠르게 만들어낼 수 있을 뿐만 아니라, 스토리가 막혀도 다양한 해결책을 찾아낼 수 있다.

게임 개발의 특성상 100퍼센트 내가 원하는 형태의 스토리를 창작하기는 어렵다. 그렇기 때문에 게임 시나리오 작가라면 끊임없이 나만의 스토리를 만들고 싶다고 생각하게 될 확률이 높다. 그런 생각이 들었다면 뭐든 시도해보자. 그동안 회사를 다니면서 익숙해진 게임 시나리오 작법이 엄청난 도움이 되는 것을 경험할 수 있을 것이다.

내가 주목하고 있는 건 웹소설이다. 웹소설 시장은 계속해서 커지고 있다. 소설은 게임 시나리오와 많이 다르지만, 웹소설은 게임 시나리오와 비슷한 점이 생각보다 많다. 웹소설의 중요한 상품 가치인 '대리 만족'은 게임의 대표적인 키워드이기도 하다. 웹소설은 형식적인 면에서는 소설로 보이지만, 내용적 측면에서는 게임에 더 가깝다. 특히 남성향 판타지는 설정 자체가 게임에 가까워서 게임 시나리오 작가가 진입하기에 좋다. 필명을 사용하기 때문에 알려지지 않앉을 뿐 웹소설 작가로 활동하는 게임 시나리오 작가도 있지 않을까, 라는 생각을 해본다. (물론 뇌피셜이긴 하다.)

결론은 게임 시나리오 작법은 가장 최신의 스토리 작법이며, 스토리 창작을 위한 아주 강력한 방법론이라는 것이다. 어떻게 활용하는가는 개개인의 선택에 달려 있다. 여건이 된다면 저작권을 가질 수 있는 다른 매체의 스토리를 창작해보자. 게임 시나리오 작가로 일하면서 아쉬웠던 부분이 많이 충족될 것이다.